UNIVERSITY
OF OXFORD

林大为 | 编著

牛津大学
真理是良师

UNIVERSITY OF OXFORD

Truce is a good teacher

中国出版集团
现代出版社

图书在版编目(CIP)数据

真理是良师：牛津大学 / 林大为编著. —北京：现代出版社，2013.2（2021.8重印）

（未来领袖摇篮）

ISBN 978-7-5143-1377-2

Ⅰ. ①真… Ⅱ. ①林… Ⅲ. ①牛津大学－青年读物②牛津大学－少年读物 Ⅳ. ①G649.561.8-49

中国版本图书馆CIP数据核字(2013)第026518号

编　　著	林大为
责任编辑	刘春荣
出版发行	现代出版社
通讯地址	北京市安定门外安华里504号
邮政编码	100011
电　　话	010-64267325 64245264(传真)
网　　址	www.xdcbs.com
电子邮箱	xiandai@cnpitc.com.cn
印　　刷	北京兴星伟业印刷有限公司
开　　本	700mm × 1000mm 1/16
印　　张	12
版　　次	2013年2月第1版　2021年8月第3次印刷
书　　号	ISBN 978-7-5143-1377-2
定　　价	32.00元

前言
QIAN YAN

如今已步入不惑之年，记忆中的一些事情好多都已如烟消云散，不过有一个问题始终萦绕心头，我高中毕业的时候，家里的生活非常艰难，父母为什么还让我读完大学呢？这个问题困扰我已经20年了。终于有一天，我明白了，父母想让我换一种生活方式；他们不希望我沿着他们的生活轨迹前行！

古人说："行万里路，读万卷书。"这句话实在深刻！对现代人而言，行万里路易，读万卷书难。科技的车轮正以惊人的速度滚滚向前，终日在电脑和千奇百怪的机器前忙碌的现代人，用电线、光缆、轨道和航线把地球变成一个村落，点击鼠标，我们可以在世界的任何一个角落把自己随意粘贴。好多人已经认为读书没什么用！读书是在浪费生命。于是，面对现代文明，缺少了读大学修炼的底蕴。我们频繁遭遇对面相逢不相识的尴尬，不断地积聚那些源自心底的陌生。为此，我们渴望一种深层的理解，渴望一种心灵的历练，以让脚步和心灵能够行得更远。

大学有着上千年文化的厚厚沉积，大学有着上千年文明的跌宕起伏，大学有着上千年社会的沧桑巨变，这足以让你惊叹，让你震撼。大学给你的感觉是那样空灵，那样清新，那样恬静。追昔抚今，历史的长廊仿佛就在眼前。生命却耐不住"逝者如斯夫"的侵蚀，大学生活也是必需的人生经历。大学的魅力,与其耳闻,不如亲见。大学生活可以弥补我们时间的缺失,增值属于我们的光阴;大学可以把智慧集腋成裘,让我们的生命成就高品质的价值。

在任何一个团体中,总有某一个人充当着核心的角色,他的言行能够被团体认可,并指引着团体的某一些决策和行动。我们可以把这种人所具备的人格魅力称为“领袖气质”。环境是一种氛围,一种智慧,一种“隐性课程”。我国古代有“孟母三迁”的故事,说明环境对人才成长的重要性。

在良好的教育环境中,人才更能轻松愉快、自由主动地去发现、思考和探索,从中获得知识经验,在情感、信念、意志、行为和价值观等方面得到潜移默化的熏陶;成长环境有助于显示今天的行动与明天的结果之间存在的永久联系。在这里,曾经出现过无数的政治、经济、军事、文化等各个行业的领军人物。他们用行动证明:最具实力、特点的学府,才能真正缔造别具一格的人才。

本丛书选了最具代表性的世界名校20所。通过对这些名校的概况、教学特点、培养的名人等的介绍,意在深度挖掘人才成功之路上不为人知的细节,同时剖析名校培养人才的根本原因所在,是一部您一定要读的人生枕边书。

尽管我们付出了诸多辛苦,然而由于时间紧迫和能力所限,书稿错讹之处在所难免。敬请各方面的专家学者和广大读者批评指正。我们不胜感激!

编 者

2012年11月

目 录

开 篇 大学是未来领袖的摇篮

大学，是社会的良心，是天才的渊薮，是文化与思想的栖息地，也是每一个青少年成为未来领袖的摇篮。每所大学都有独特的文化和性格。一所大学能反映一个城市甚至一个国家的精神气质。大学是今天与未来的桥梁，认识一所大学，可以树立一个梦想；树立一个梦想，可以创造一个人生。

第一章 认识牛津大学

在9个世纪以来，牛津大学一直是全英国乃至于世界级的顶尖学府。牛津大学和剑桥大学时常被合称为牛剑，它们两所是英格兰最古老、最著名的大学。从2002年至2010年，牛津大学已经连续9年被英国泰晤士报评为全英综合排名第一的大学。

第二章　学院制和导师制

牛津大学作为一所学院制大学经历了几百年的发展，孕育了独具特色的办学传统，在世界高等教育中享有极高的声誉。牛津人一直以牛津大学是一所学院制大学而引以为自豪，而学院制和导师制正是牛津大学办学传统中最具特色的地方，也是牛津大学成功之所在。

第三章　不一样的人文景观

作为英语世界中最古老的大学和全世界莘莘学子心目中的圣殿，牛津大学的美丽，来自她贯穿时光隧道间那扑鼻的书香与幽深的传统。这里有着浓厚的文化底蕴和古典优雅的校园建筑，自然与人文景观的交相辉映，无处不散发着独有的文化品位和超凡光彩。

第四章　历久弥新的办学模式

牛津大学的办学理念要追溯到19世纪中叶，其中最有名的代表人物便是牛津大学的教育学家约翰·亨利·纽曼提出的基本大学理念：大学是探索普遍学问的场所，是传授普遍知识的场所。纽曼的大学理念实际上就是牛津大学的办学理念。

第五章　牛津大学的地位和影响

位于英国的牛津大学具有世界声誉，它在英国社会和高等教育系统中具有极其重要的地位，有着世界性的影响。英国和世界上很多青年学子都以进牛津大学深造作为理想。

开 篇 大学是未来领袖的摇篮

大学，是社会的良心，是天才的渊薮，是文化与思想的栖息地，也是每一个青少年成为未来领袖的摇篮。每所大学都有独特的文化和性格。一所大学能反映一个城市甚至一个国家的精神气质。大学是今天与未来的桥梁，认识一所大学，可以树立一个梦想；树立一个梦想，可以创造一个人生。

领袖是怎样炼成的

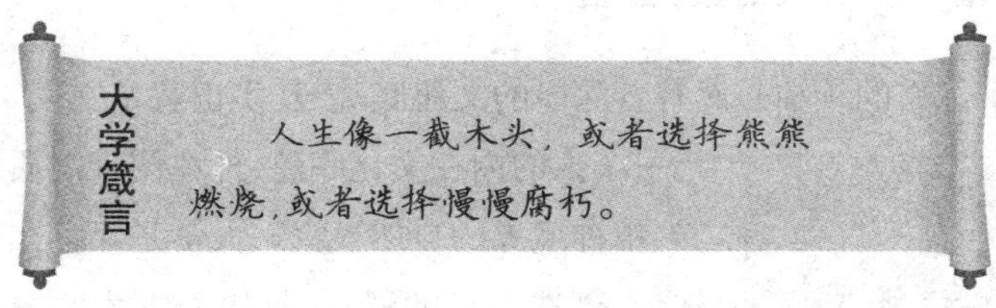

做一个出类拔萃的领袖

要想真正成为一名出类拔萃的领袖，必须在工作、生活各个方面具备过硬的素质。从某种意义上说，领袖必须成为人民的理想楷模。这不仅是指通常所理解的“德”，而且也是指同样重要的“智”。一个真正的领袖必须拥有远大的抱负，拥有异于常人的智慧，超常的适应能力，服务大众的态度和引导舆论的能力。

一个好领袖必是一个好的聆听者，并掌握与人沟通、表情达意的技巧。他充满自信，具有很强的分析能力，亦必毅力过人，并能不断自省以求进。英国首相温斯顿·丘吉尔说过：“成功不是终点，失败也并非末日。最重要的是具备勇气，一直前行。”当一个人为实现梦想苦苦追寻的时候，需要这样一种意志和品格。

坚持，是一种信念。无论在国内，还是在国外，要获得最美丽的人生，要实现自己最大的价值，要能够对社会、对他人有所回报，就要坚持自己的目标和梦想。

坚持，是一种过程。这个世界上，天上掉馅饼的事儿几乎为零，或者没有什么事情是一蹴而就的。在梦想实现之前，需要耐得住寂寞、孤独和暂时的不成功。

坚持，是一种生活方式。学习也好，工作也好，生活也好，都需要用一种坚持的态度去完成。这种生活方式可以磨练自己的意志力。坚持住人生信念，没有什么困难是不可以克服的。

做富有文化底蕴的智者

一个优秀的领袖必然有着深厚的文化底蕴，其实也就是文气。文气是指一个人的内在文化底蕴、外在儒雅气质、文化修养、精神境界的自然显露。大学是保存知识、传播知识、创造知识的殿堂，是培养人才的摇篮，是先进文化的策源地和辐射源。大学领导者作为知识分子的领袖、楷模和标尺，如果自身没有知识、没有文化、没有学问，即没有所谓的“文气”，就不会得到师生的尊重、敬仰和爱戴，就很难引领大学的发展。

【领袖语录】

读书时不可有己见；读书后不可无己见。

修炼文气，须多读书，成为大学者。“腹有诗书气自华”。要养成儒雅的文气，就必须博学多识，不仅学习教育学、心理学、管理学、领导学、经济学等知识，还要多读经典古文、传统诗词、名家名篇，广泛涉猎经济、政治、文化、社会等各方面，学贯中西、通晓古今，努力成为著名学者。纵观做出卓著成绩的校长，他们都是某个学科领域的专家，同时也对人文社会科学知识有深厚的积淀。如北京大学原校长蔡元培是哲学家、美学家，还通晓教育学、心理学、生理学，堪称大学问家。

修炼文气，须多思考，成为思想家。文气的养成是为了提高个人素养，促进工作实践，而思考是学习与行动的桥梁，“学而不思则罔”。思考形成思维，思维产生观念，观念形成思想，思想决定行动。因此，大学领导者必须学会思考，并多思考。要明了大学的性质，知晓大学的历史，把握大学面对的环境和拥有的资源，把文气的养成与改造思想结合起来，与指导实践结合起来，与解决实际问题结合起来。历史证明，成功的大学领导者，一般都是深邃的思考者。譬如，哈佛大学校长博克曾著《超越象牙塔》，指出现代大学不能回避为社会的进步和国家的利益服务；芝加哥大学校长赫钦斯曾著书《高深学问》，反对功利主义，倡导博雅教育；耶鲁大学校长吉亚麦提曾著《大学和公众利益》，探讨大学的性质和在社会中的作用；加州大学校长克尔曾著《大学的功用》，提出了巨型大学的概念。由于他们对大学有深入的思考，不随波逐流，从而把大学办出了特色，推上了新台阶。

修炼文气，须多谋划，成为谋略家。大学领导者是学校的规划设计者，历史上有卓越成就的大学领导者都是优秀的谋略大师。卡迪夫大学前任校长史密斯爵士曾说过，作为领导者，他必须将四分之三的时间花在思考学校方向和战略上，他认为，“校长就是要将自己的办学战略和价值理念传播出去，让学校所有员工接受，然后选择合适的人去实现这些策略。”中国的大学校长都曾经或正在谋划制定“大学发展战略规划、大学学科和师资队伍建设规划、大学校园发展规划”，引领大学的发展和振兴。事实证明，大学领导者只有经常围绕“建设一个什么样的大学，怎样建设这样的大学”的问题潜心思考，精心谋划，才能认准大学发展的根本方向，不至于随着各种思潮的冲击而左右摇摆。

【领袖语录】

所谓年轻的心，就是总有一扇门敞开着，等待未来闯进。

浩然正气的力量

一个优秀的领袖还必须有正气。孟子曰：“吾善养吾浩然之气。”文天祥说：“天地有正气，杂然赋流形。下则为河岳，上则为日星。于人曰浩然，沛乎塞苍冥。”对大学领导者来说，正气就是不媚俗，能引领社会发展潮流。

修炼正气，须不媚俗。大学既要防止“滞后于社会”的弊端，但又不简单地“迎合时尚”。这就要求大学领导者的办学理念和行为方式必须因时而变，成为“对现在和未来都会产生影响的一种力量”。但这种适度而明智的变化不是无原则、无限度的，必须是“根据需求、事实和理想所做的变化”。罗伯特·M·赫钦斯在《学习社会》一书中直言不讳地追问：“大学究竟是为社会服务还是批评社会？是依附于社会还是独立于社会？是一面镜子还是一座灯塔？是迎合眼前的实际需要，还是传播及光大高深文化？”这些都需要我们深思。

有几个充分表明大学校长不媚俗的例子：1986 年哈佛大学校庆，当时的美国总统里根希望获得哈佛大学名誉博士的称号，但哈佛大学校长德雷克·博克予以拒绝：“里根可以成为美国总统，但他难以获得哈佛的博士学位，因为这是学术称号。”人们称之为“两个 President 之争”。基辛格从国务卿岗位上卸任并退出政坛后，很想回到哈佛大学工作，但被哈佛大学校长婉言谢绝：“基辛格是个学识渊博的人。如果论私交，我和他的关系也不坏。但我要的是教授，不是不上课的大人物。”1957 年北大校长马寅初在最高国务会议上提出他的“新人口论”，受到当时权威的批判，但他说：“我决不向专以力压服，不以理说服的那种批判者们投降。”尽管他被迫辞去北京大学校长职务，全国人大常委之职也被罢免，公众的心中却并未消失，马老正直的身影和铿锵之声；历史证明，马寅初不媚俗，不迷信权威，他掌握了真理。

修炼正气，须能引领。大学不应脱离社会、孤芳自赏，而应当“与社会保持接触”，并“以自己的实力和声望”对科学和重大而紧迫的社会问题、社会现象进行研究，从而对社会可能采取的行动与对策产生影响。赫钦斯说：“大学是一个瞭望塔。”在改革社会中应发挥积极的作用，成为承担公共服务的必不可少的工具，应不惜一切代价加强各种创造性的活动，引领社会前进。普林斯顿大学原校长弗莱克斯纳认为：大学必须经常给予学生一些东西，这些东西并不是社会所想要的（want），而是社会所需要的（needs）。不管社会如何变化，在任何情况下，大学都有对于知识和思想保存的责任，能不断引领社会发展，而不是一味地适应社会。因此，大学领导者应有能力通过引领大学发展来引领社会发展。

底气是做人之本

【领袖语录】

不要把知识与智慧混淆，知识告诉你怎样生存，智慧告诉你如何生活。

一个优秀的领袖还必须有底气。底气是做人之根本、根基、根源。底气足，才有真本钱，才有发言权，才有凝聚力和号召力。底气的表现形式就是说话的分量、人格的魅力、个人的影响力，就是群众的归属感、信任感和敬仰感。作为大学领导者，必须要有充足的底气。有了充足的底气，才能确立威信，促进事业的兴旺发达，实现大学的价值。充足的底气需要磨练和积累，需要全身心地培育和修炼。

修炼底气，须立大志。底气源于理想和信念。理想和信念是大学领导者的基本内在修养。大学最根本的社会功能就是储存、创造和传递人类文明。大学要创造新的人类文明就要为了真理而追求真理。追求真理本身就是目的，因此，它天然地反对功利主义。大学还要负载价值，守望社会精神文明，给人类以极大关怀。因此大学领导者要树立追求真理、献身真理的大志向。要坚信我们所从事的事业是正义的事业，是伟大的事业，责任崇高而神圣，任务光荣而艰巨。

修炼底气，须善实践。能力是底气的表现。大学领导者在专业上要做专家，管理上要做行家，必须勤于实践善于实践。以华中科技大学历任领导者为例，他们都是善于实践的典范。朱九思提出“敢于竞争，善于转化”，“科研要走在教学的前面”，大力加强科学研究；杨叔子坚持“高筑墙，广积人”，大力加强师资队伍建设；周济实践“以服务求支持，以贡献求发展”，大力发展社会服务等。正是历届领导者励精图治，实践创新，硬是把一所名不见经传的大学建设成了一所国内外知名的大学。由此可见，大学领导者应该是实践者。他不一定是管理学科的专家，但深谙教育管理之道，善于行政管理，精于用人之道，具有解决和处理各类大学矛盾的能力。

他不一定是专门的政治家，但能够把握大学正确的发展方向，提出适合大学长远发展的办学思想与理念，用先进的办学指导思想推进大学的建设、改革与发展。

修炼底气，须敢成功。成功的大学，领导者会更有底气，有底气的领导者会把大学引向更加成功的境地。正是由于哈佛校长艾略特、劳威尔、柯南特、博克等人成功地将哈佛引向了成功，才使哈佛大学更有了底气；也正是哈佛大学的不断成功，才使哈佛大学的校长更有底气，从而进一步引领大学从胜利走向新的胜利。

大气是一种智慧

一个优秀的领袖还必须有大气。大气，就是大气度、大胸怀、大气魄，大爱心。大学应该有大气。江泽民同志在北大百年校庆时讲："大学，应该是培养和造就高素质的创造性人才的摇篮，应该是认识未知世界、探求客观真理、为人类解决面临的重大课题提供科学依据的前沿，应该是知识创新、推动科学技术成果向现实生产力转化的重要力量，应该是民族优秀文化与世界先进文明成果交流借鉴的桥梁。"完成这一使命，"大学的党委书记和校长，应该成为社会主义政治家、教育家。"因此，大学领导者应该有大气。

修炼大气，须有大视野。大学之大，根本取决于它的两大直接产品：学术和学生，以及铸成这两大产品的模具：学者、学长和学风。因此大学之大，乃在于学术之大、学生之大、学者之大、学长之大、学风之大。大学领导者要有宽广的视野、开放的精神，兼容并蓄，善于从复杂的现象中看到事物运动的基本态势，抓住基本规律，从眼前的利害中超越出来，突破经验的束缚，对社会需求进行全局的、客观的把握，穿透眼前，看到长远。大学发展的历程证明，大学领导者的视野往往决定大学的发展。纽曼的传统大学观把大学看作是"一个居住僧侣的村庄"，弗莱克斯纳的现代大学观把大学看作是一个城镇，而克拉克·克尔的多元化巨型大学观则把大学看作是"一座充满无穷变化的城市"。可见领导者的视野决定大学的视野。哈佛大学校长萨默斯以国际视野改革大学教育，强调哈佛新课程改革要给本科生更多的到国外学习的机会。

修炼大气，须有大胸怀。“一个人胸怀有多大，才能做多大的事业。”大学具有天然的包容性：首先是学科包容。大学包容了传统基础学科，还包容了跨学科、边缘学科和应用学科，甚至为那些已经乏人问津的学科以及尚未获得广泛承认的学科与知识领域留有一席之地。其次是学者包容。大学包容各种各样的学者和学生，甚至为个别行为、个性和思想方法奇特的学者创造宽松环境，使他们按自己的习惯从事活动。再次是学术包容，即包容学术上的各种不同见解。因此，大学领导者在办学理念上，要有开放意识和世界眼光，以昂扬的气势迎接各种挑战，以仁厚的情感容纳学生，以宽容的精神对待学术，以谦虚的心灵接纳新知识；要在选用人才上，有“海纳百川”的大气，以开放的胸怀招揽人才，以宽广的眼光选用人才；在具体工作上，要有团结友爱的胸怀、互以对方为重的风格，要搞五湖四海，不搞小圈子，做到坦坦荡荡、光明磊落，容人、容事、容言。如果说大楼、大师是大学的硬件，大气则是软件，软件与硬件同样重要。在一定意义上，甚至可以说软件比硬件更重要。1953 年出生的安德鲁·怀尔斯，10 岁时对世界难题费马大定理着了迷，于是立志搞数学。他 32 岁成了普林斯顿大学教授后好像突然消失了，学术会议不参加了，论文也没有，有人说他江郎才尽了，有人说应该解聘他，但普林斯顿大学校长不为所动，仍然聘他为教授，表现出了大学的大爱，终于在 9 年后的 1994 年，安德鲁·怀尔斯破解了费尔马大定理，轰动世界，也使普林斯顿大学声名远扬。

【领袖语录】

气不和时少说话，有言必失；心不顺时莫做事，做事必败。

修炼大气，须有大手笔。有了大手笔，才会有大发展。大手笔，要有大气魄，要有超越、怀疑、批判精神。要超越各种形式的禁锢和守旧观念，挑战各种历史理论和权威，深刻批判与反思，进行前提性追问、主体创造与建构。正是因为洪堡的大手笔才使柏林大学得以振兴，成为研究型大学的

【领袖语录】

遭遇鄙视是因为你对别人有威胁，或者有价值，是值得欣慰的。

楷模，从而使大学具有科学研究的职能；正是范海斯的大手笔，提出“威斯康星州的边界就是威斯康星大学的边界”，才使美国大学得以崛起，从而使社会服务成为大学的第三大职能；也正是蔡元培的大手笔改造旧北京大学，才使北京大学焕发出新的青春活力，成为真正意义上的现代大学。大学领导者要有大手笔，就要敢于有所为，有所不为，有所舍弃，敢于砍掉不适合自己学校发展的东西；有所为，有所先为，有所后为，敢于在自己的位置上创新、创造不可替代的业绩。

锐利的士气

一个优秀的领袖还必须有锐气。《淮南子·时则训》所说的“锐而不挫”，彰显的是不畏困难和挫折的精锐士气。锐气就是要有一股子劲，始终保持一种向上的进取姿态，保持高昂的工作热情和工作韧劲。锐气就是在成绩面前不忘乎所以，在困难面前不灰心丧气，不断适应新形势，研究新情况，解决新问题，做到“苟日新，又日新，日日新”。有锐气，才能有所作为，有所建树。

修炼锐气，须讲批判。大学是知识传递与生产的场所，是新思想的重要发源地。不论是知识的传递与生产，还是真理的探求，都应该建立在大学批判责任基础之上。德国社会学家海因兹·迪特里奇尖锐地指出：“今天的大学是一些被阉割了的机构，大学教育脱离大多数人的生活现实，研究质量低下，教育道德沦丧。”作为大学领导者要弘扬大学的批判责任，鼓励和支持大学继续扮演那种绝对真理、社会公正和道德良心守护神的角色。

修炼锐气，须讲创新。加拿大阿尔伯塔大学校长罗德里克·德·弗雷泽认为，大学领导者的主要职责有三项：第一，吸引最好的学生到学校读书；第二，吸引最好的教职员工到学校工作；第三，为教职工、学生提供足够的资源，营造积极的氛围，使师生能够有效地学习、创造性地开展学术与科研工作，保证他们发挥最大潜力。大学要做好这些工作，没有具备创新意识和创新能力的领导者是不行的。创新是大学保持生命力的关键所在。历史证明，不满足于现状，勇于改革和创新是优秀大学领导者共同的特征之一。哈佛大学原校长劳威尔说在他任校长的24年里，有四大创新：一是设立主攻课和基础课制度，二是设立住宿学院制度，三是设立导师制度，四是设立荣誉学位制度。这些都为哈佛大学的进一步发展奠定了基础。

修炼锐气，须养个性。牛津大学原校长纽曼是一个有个性的校长。他认为：大学是传播普遍性知识的场所。知识本身即目的。教育是理智的训练。大学是为传授知识而设的，“如果大学是为了研究，我不知道大学为什么要那么多学生”。他的个性造就了牛津大学的辉煌。柏林大学原校长洪堡认为，大学的基本组织原则就是两条：自由和宁静，教师和学生为科学而共处，自由地进行各种学术上的探讨。他的个性使柏林大学很快崛起。威斯康星大学原校长范海斯认为，大学的基本

【领袖语录】

没有人可以打倒你，打倒你的只有你自己。

任务是把学生培养成有知识、能工作的公民；进行科学研究，发展创造新文化、新知识；传播知识，把知识传授给广大民众，使他们能够运用知识解决经济、生产、生活、政治等方面的问题。这种理念引领大学走出了古典大学的围墙，使大学获得了新的生命。曾经被毛泽东评价为“学界泰斗，人世楷模”的蔡元培，不仅提出了“囊括大典、网罗众家，思想自由、兼容并包”的著名办学方针，铸就了“北大精神”，更重要的是，他具有“外和内介、守正不阿，勇于任事、敢于负责，宽容大度、民主平等，严于律己、廉洁奉公”的个性，改造北大，铸就了北大的辉煌。

领袖素质

远大的理想。纵观历史中的领袖都有远大的抱负，所谓吞吐天地之志。拥有这样的理想才能塑造其人格魅力。人们追随他，绝不仅仅因为他长得帅，而是因为他能带给人们希望，给人们一个远大而美好的憧憬。

大学在青少年成才中的作用

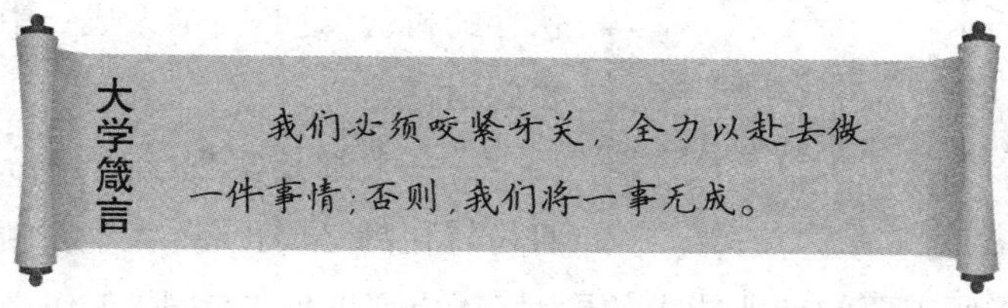

做一个知书达礼的人

大学可以让我们自我发展与完善，大学不仅能帮助学生“读书明理”，更能帮助学生提升修养、品质、智慧。大学教育对于年轻人形成人生观、社会价值观，对于发现和理解生命的意义和人的社会价值有极大的作用。大学是人们的精神家园。

青少年作为明日的社会精英，在大学期间除了读好本科课程外，亦应把握所有机会与同窗多交流，多沟通，以培养人际沟通技巧，学习聆听，也多表达意见。这些同侪间的互动、不断的切磋砥砺，对于培养个人自信心、提高分析和自省能力都有莫大裨益。

大学在现代已经逐渐发展成高等教育系统，由各种类型的高校组成，不同类型的高校的社会职能与社会定位、人才培养目标、对学生的要求、教育教学模式各不相同。就读不同的高校通常与不同的职业生涯发展有着较为密切的联系。选择大学,应当是个人对大学意义与价值和自身发展设想充分认识基础上的理性判断。从一般意义上讲,今天的大学至少能为学习者提供以下服务。

——大学是探究未知世界的场所。具有好奇心的年轻人与致力于探究未知世界的教师结成共同体,大家志同道合,在满足好奇中推动人的发展和社会发展。这样的职能是其他社会机构无法替代的。

——大学是年轻人交往的地方。大学把四面八方、有着各种文化背景、生活体验与经历的学生汇集起来,让年轻人相互交往并且相互学习,为每一个学习者提供发现不同的交往伙伴的机会。这是一个人成长中极为宝贵的财富。

【领袖语录】

信仰比知识更难动摇;热爱比尊重更难变易;仇恨比厌恶更加持久。

——大学是实现学生身份到工作身份转化的必要预备。大学在帮助学生形成工作所需要的专业能力的同时,还应帮助他们完成“工作准备”,形成个人就业的“配置能力”(个人在就业市场上发现机会、自我判断、抓住机会实现就业的能力)。大学对学生在心理、文化、人际交往、专业等方面的训练,正是为了能有这样的“配置能力”。这是推动学生转型为“职业人”的社会化过程。

——大学帮助年轻人获得安身立命的专业能力。高等教育往往决定多数人终身的专业方向和职业领域,它帮助学生形成专业化的劳动能力,在今天这样分工高度专业化的社会,专业教育具有关键作用。

做适应社会需要的人

现代大学将越来越难以提供人们曾经期待的那种“社会地位配置”作用,而“回归”教育机构的本质。所以,大学生要认真把握大学能提供什么和自己需要什么,在大学里努力提升综合素质和专业能力,给自己的未来加注尽可能多的“能源”。

随着世界格局的变化，特别是东西方阵营的瓦解和各国发展模式的调整。原有政治主导或经济主导的状况相应改变。大学的普及成为影响青少年发展的重要因素，也引起青少年组织与社团的高度重视。大学为青少年学习提供动力的同时，为青少年组织与社团开展各种服务、活动、教育提供了机遇。

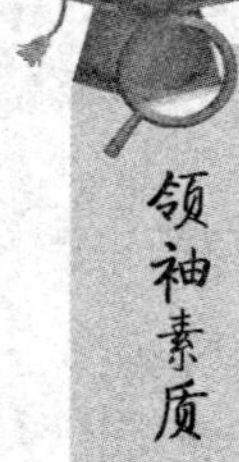

领袖素质

超常的适应能力。领袖的路并不一定是一帆风顺的。有前呼后拥的壮观场面，也有独自一人的低谷阶段。能够适应时局的起落变化，不被挫折打倒，不被胜利冲昏头脑是领袖的生存之道。

伟人的性格特点

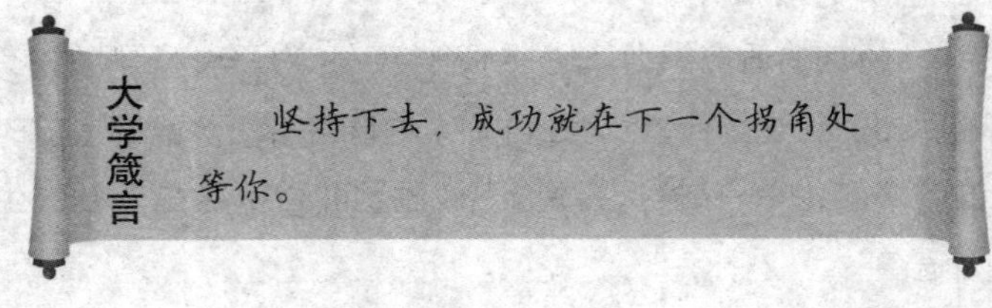

非智力因素的作用

现代心理学研究表明，一个人的非智力因素（性格是其中一个重要方面）在一个人的成才中占有十分重要的作用。一个人具有优良而成熟的性格就能最大限度地发挥自己的精神力量，并能与环境中的他人建立和谐良好的关系。一个人的性格还是其自身品德、世界观的具体标志，是其精神面貌的综合反映和集中体现。

有人对享有盛誉、成就卓著的领导人的性格进行了研究，发现他们共同的性格特征是：实际、客观、求善、创新、坦诚、结交、爱生命、重荣誉、能包容、富有幽默感、悦己信人。这些性格特征是他们造福于人类的信仰的体现，对支持他们始终如一地为实现信仰而奋斗起了重大作用。

美国心理学家台尔曼对 150 名事业有成人士进行研究，发现性格因素与他们的成功有着密切关系。他们往往具有以下共同性格特征：第一，为取得成功的坚持力；第二，善于积累成果；第三，自信心强；第四，不自卑。考克斯对1450年至1850年400年间所出现的301位伟人进行研究，发现他们都有以下优秀性格特征：自信、坚强、进取、百折不挠等。

在社会实践中，对不同职业者还有不同的职业性格要求。例如，做医生要有严谨、认真、细心、安定的性格；做企业家要有独立、进取、坚强、开放、灵敏等性格；而作为军人就要有勇敢、坚强、果断、自制、机智等性格。不具备相应的职业性格特征的人，往往难称其职。

在日常生活和人际交往中，热情、真诚、友善的人受欢迎，生活也幸福；冷漠、虚伪、孤僻、不负责任的人受冷落，生活也多有不幸。

信念的作用

信念，是一种心理因素。信念领导力是战胜挫折、赢得机遇的前提，也是切实的方法。自信的人首先忠诚于自己的信念，这种信念融入你的言行、举止，让你的举手投足都在辅助你的语言所表达的信息，因而让人们相信你的能力和人格。作为一个领导者，信念坚定是战胜工作中的困难，力排干扰，把握时局，打开局面，果断决策和树立领导威望的一个重要的心理优势。

有了信念，才能以最佳心态开展工作、履行职责；有了信念，才能以饱满热情开创事业、完成使命。运动员在赛场比赛，要争得第一，争得一流，不可没有信念；求职者在人才市场应聘，要技压群芳，求得赏识，不可没有信念。一名领导干部，无论是作竞职演讲，还是就职表态，必须保持良好的心理素质和精神状态，以坚定的口气、热情的态度、积极的表现来赢得上级和群众的支持。

自信是一种认识和态度

自信是一种认识和态度，也通过人的风格来表现。美国形象设计大师鲍尔说："成功男人的风格反映在外表，而优雅来自内在，它是你的自信及对自己的满意，它通过你的外表、举止、微笑展示。"自信并不一定是天生具有的，它可以通过后天的培养而产生。如果你在生活中认真观察，你会发现这种自信是有感染力的。

心理学家发现，外向的性格和信念是吸引和保持朋友的重要原因。由于自信，朋友和同事愿意跟随着你，上司也会对自信的人高看一眼。因为你具有自信的气势，让别人相信你能把任何事都变成现实。然而信念却不一定需要用语言来表达，它通过你的神态、语气、姿势、仪态等等，无声无息地、由里向外地散发着魅力。

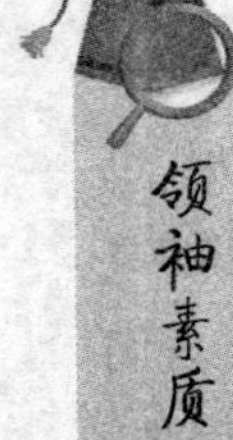

领袖素质

服务大众的态度。领袖并不一定要用暴力主宰一切，事实上暴力统治一般不能长久。长久的领导艺术需要懂得如何服务大众，满足大众。

大学为伟人提供了成才的环境

大学箴言

所谓人才，就是你交给他一件事情，他做成了；你再交给他一件事情，他又做成了。

环境对人的心理和行为具有普遍制约作用。系统论认为，环境是第一个在系统周围能够广泛产生作用的场所和条件。人的心理机能是对环境的长期适应的结果，人的心理和行为取决于当前的刺激、个性特征、整个环境及特征。同时，环境与人的心理和行为是相互作用的，这种关系不仅表现在人类生存的自然环境与人的心理与行为的相互作用，也表现在社会环境与人的心理和行为的相互作用，环境对人的心理、行为产生普遍的制约作用，人的心理、行为又导致环境的改变。

心理学家考夫卡在其《格式塔心理学原理》一书中提出环境分为现实的地理环境与个人意想中的行为环境，他认为行为产生于行为环境，受行为环境的调节。另一位心理学家勒温在《拓扑心理学原理》一书中提出

动力场理论，该理论中的生活空间是指人的行为，也就是人和环境的交互作用。勒温所指的环境是指心理环境，是与人的需求相结合在人脑中实际发生影响的环境，由于人的需求的作用，使生活空间产生了动力，勒温称为引力或斥力。由于生活空间具有的动力，人的行为就沿着引力的方向向心理对象移动。

大学为伟人们提供了一个“宽松”与“紧张”适度平衡的环境。大学的环境往往会创造出一种特有的氛围。耶鲁大学模仿英国牛津大学和剑桥大学的模式，从 20 世纪 30 年代开始实行的“住宿学院”制沿袭至今，每个“住宿学院”有 300 ~ 500 名本科生，男女比例对等，配有院长和学监各 1 名。12 个“住宿学院”拥有自己的餐厅、客厅、庭院、图书馆、娱乐室等。学校希冀借此使其学生所受的教育不仅仅局限于课堂知识，而且注重在起居社交时学到做人的道理，并从中获得终身的友谊。

列别捷夫曾说，“平静的湖面，炼不出精悍的水手；安逸的环境，造不出时代的伟人。”在这个高等教育良莠不齐的时代，一所真正的一流大学所能为国家和民族乃至整个社会做出的贡献是不可估量的。

领袖素质

引导舆论的能力。不得不承认，所有的领袖都要有非常好的口才。他必须时刻掌握舆论导向，让思想意识统一在自己的领导方向上。在管理学中，领袖是人际角色中的一类，有着激励和指导团队成员的责任。

第一章　认识牛津大学

在9个世纪以来，牛津大学一直是全英国乃至于世界级的顶尖学府。牛津大学和剑桥大学时常被合称为牛剑，它们两所是英格兰最古老、最著名的大学。从2002年至2010年，牛津大学已经连续9年被英国泰晤士报评为全英综合排名第一的大学。

第一课　牛津大学的历史

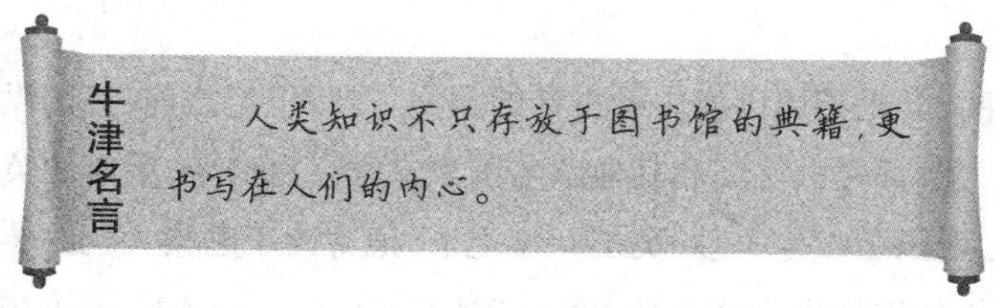

牛津是泰晤士河谷地的主要城市，其重要性是1167年英国牛津大学在此成立。牛津确实与牛有关。传说是古代牛群涉水而过的地方，因而取名牛津。牛津向来是伦敦西行路线上的重点，早在1096年，就已有人在牛津讲学。

牛津大学是英国专门从事学术研究的大学组成的“罗素团体”中的一员，也是英国大学排名中的顶级大学。牛津大学历史悠久，但始建于哪一年，没有人能确切说得出来。牛津大学的创始故事颇为有趣：根据当地人的说法，牛津大学创始于1167年，当时英王亨利二世下令禁止英国的神学学

【牛津历史】

牛津大学作为教会中心和学术中心的地位不是一建立就形成的，而是在其发展的过程中逐步形成的。据史料记载，早在12世纪20年代初，就有一位知名的教师埃当普的西奥博尔德(Theobald of Etampes)来到牛津城执教，主要讲授神学，学生有60～100人。

生到巴黎大学研究神学或宗教，因而一帮宗教学者及学生慢慢聚集于此，逐渐演变成学院的雏形。不过，也有资料表明它的教学活动可追溯到1096年，如果从那时算起，牛津大学的历史超过了900年。毫无疑问，牛津大学是现存人类历史上最早的大学之一。有的历史学家说，默顿学院(Merton College)是最早的学院；也有人说，大学学院才是大学的滥觞。不管哪一种说法正确，都无损于今日由40个学院和由教会设立的7所永久性私人学院所组成的牛津大学在学术上的崇高地位。

牛津大学是英语国家中最古老的大学。在12世纪之前，英国没有大学的时候，人们都是去法国和其他欧陆国家求学。1167年，当时的英格兰国王同法兰西国王发生争吵，英王一气之下，把寄读于巴黎大学的英国学者召回，禁止他们再去巴黎大学。另一说法是，法王一气之下，把英国学者从巴黎大学赶回英国。不管如何，这些学者从巴黎回国，聚集于牛津，从事经院哲学的教学与研究。于是人们开始把牛津作为一个“总学”，这实际上就是牛津大学的前身。学者们之所以会聚集在牛津，是由于当时亨利二世把他的一个宫殿建在牛津，学者们为取得国王的保护，就来到了这里。12世纪末，牛津被称为“师生大学”。1201年，它有了第一位校长。1213年，该校从罗马教皇的使节那里得到第一张特许状。

1214年，当时天主教在此的教宗潘道尔夫赋予神学院特权，准许学者及学生在此城居住及学习后，市民与学者之间的长期抗争因而结束。16世纪下半叶，才建立起所有的学生都住在学院内的传统。早期所有的学院只收男研究生，直到1878年起相继成立5个女生学院，牛津大学才有三项重大的改变：准许女性学生入学；古希腊文不再是必修科目；而在经过700年的独立自主后，牛津大学终于愿意接受政府的补助，但政府仍无权干涉校务。

虽然没有正式建校日期，但从12世纪末开始，牛津已经崭露头角，是一个学术重地。其历史可追溯到1096年于那里开始的教学活动。当英法关系恶化，亨利二世于1167年禁止英国学生到巴黎大学进修后，牛津便开始迅速发展，建立了第一所学生宿舍，后来逐渐发展成为学院。随后，不同的学院陆续成立。

1209年，由于发生暴力骚乱事件，大学被解散。一些学生和教师离开牛津并建立了剑桥大学。1214年，在教皇特使的调停下，大学又重返牛津。从1974年开始，牛津的39个学院中，除了圣希尔达学院只招收女生以外，其余的都是男女混合学院。本科生必须信仰英国国教的要求已经于1871年废止。1912年之前，学生必须修读古希腊语文化。1960年前，学生需要懂得拉丁语。而女性直到1912年后才能够得到牛津大学的学位。

到了20世纪，除了传统的人文学科以外，牛津大学还增添了包括医学等自然和应用科学学科，从而变成一所世界上最受崇敬、文理并重的最高学府。据统计，牛津产生了4位英国国王、46位诺贝尔奖获得者、29位英国首相、3位圣人、86位大主教以及18位红衣主教。

牛津小百科

牛津大学由遍布城中的众多学院和院校科系(系)组成。没有校园或中心建筑。拥有 40 所学院，最古老的学院是大学学院贝利奥尔学院(1263 年)和默顿学院(1264 年)，最大的学院是基布尔学院。花园、小教堂和饭厅通常向游客开放。雷克语言学校提供某些学院的带导游旅行。雷克语言学校位于牛津城中心，它临近伍斯特学院，以其美丽的花园和令人印象深刻的新牛津大学商学院而闻名。

第二课　牛津大学的发展历程

牛津名言

人类所有知识的基础，人类所有认知的起源，必须是我们每个人都是爱的对象。

作为英语国家中最古老的大学，牛津大学有着900多年的辉煌历史。它既是英国最著名的大学之一，又是世界最知名的大学之一。牛津大学在政治、经济、文化和科学领域的杰出贡献享誉全球，在英国乃至世界高等教育领域产生了极其深远的影响。自中世纪形成以来，牛津大学以其独特的大学理念和办学传统，培养了数以万计的政治精英和社会精英，从一个地区性的、单一学科的古老大学逐步发展成为一个精英人才辈出、办学特色鲜明、文化传统厚重、文理学科并进、学术成果斐然的世界一流大学。

在某种意义上，牛津大学的发展历史既

是英国国家发展史的一部分，也是英国高等教育发展史的一部分。其显赫的历史地位和广泛的影响力，已成为英国乃至世界所有高等学府的楷模。

牛津大学的形成时期

牛津大学建立的具体时间很难确定，因为它的建立并不是一个独立的事件。英国教育史学家约翰·普雷斯特(John Prest)曾这样指出："牛津大学是在教会的摇篮中诞生的。"从中世纪起，牛津大学一直就是西方基督教会世界的组成部分，不同时期由基督教不同的教派所主导，并保留着不同教派的痕迹。因此，在漫长而又坎坷的历史发展过程中，牛津大学一直与教会保持着千丝万缕的联系。

早期的学院及其地位

随着大学自身力量的增强和发展，牛津大学的教师开始有了摆脱依赖教会的倾向。1221年，巴黎大学的教师奋起反对他们的主教，主张他们有权制定自己的规则。之后不久，牛津大学的教师也开始以自己任命校长来宣示自己的权力。经过不懈的斗争，1225年，牛津大学的教师自己推选罗伯特·格罗斯泰特担任校长，这是牛津大学有史以来最早由大学教师自己推选出的校长之一。正是在这一时期，牛津大学的学术活动再一次活跃起来。

在牛津大学与牛津城市民的冲突解决后，学者们又重新聚集在牛津大学。由于大学获得了教皇赋予的众多特权，特别是房屋租金减半的权利，前来牛津城讲学和求学的师生络绎不绝。14世纪初，牛津城的寄宿舍数量达100多间。教师和学生共同生活在一个屋檐下追求学问，成为牛津大学早期寄宿舍生活的写照。然而，由于寄宿舍散落在城市的各个角落，

【牛津历史】

从12世纪初开始，牛津城已经吸引了不少胸怀大志的牧师来讲授神学，以图扩大自己的影响。例如，神学家亚历山大·内克姆(Alexander Neckham)1182年从巴黎大学毕业后即来牛津讲授神学，并于1193年起开始定期开设神学讲座，成为第一位在牛津城定期开设神学讲座的教师。

难以实行统一管理，再加上学生与市民之间的冲突时有发生，以及一些学生因物价上涨等原因而不得不离开牛津大学，致使寄宿舍数量开始减少。为此，一些教会上层人士和社会达官显贵出于宗教的以及追求学问的目的，出资购置房产为贫困学生提供住宿和津贴，同时为学院制定院规并设立管理机构。这就是早期学院的端倪。

牛津大学早期建立的学院主要集中在13世纪至15世纪。巴利奥尔学院、默顿学院和大学学院是牛津大学最早建立的学院。1249年，曾任达勒姆教区副主教和鲁昂大主教的达勒姆的威廉(William of Durham)给大学捐赠了一大笔钱，用来支持学生的学业。经过长时间的准备，终于在1280年成立了大学学院，并制定了相应的院规。大约在1255年至1266年，英格兰男爵约翰·巴利奥尔(John Balliol)为学者在牛津城建立了一个学院，即巴利奥尔学院。1264年，罗彻斯特修道院院长沃尔特·德·默顿 (Walter de Merton)根据一份许可状建立了默顿学者之家，即默顿学院，用于支持牛津城或其他地区的20名学者的学业。1274年，他还为该学院颁布了院规。默顿学院的院规后来为其他许多学院所效仿。

牛津大学早期建立的学院大多招收硕士生，学院由学者和学生共同

管理。大学校长由师生推选出来，每年都要进行就职宣誓。13世纪后，即从神学家、哲学家约翰·邓斯·司各脱(John Duns Scotus，1265—1308)时代一直到神学家、宗教改革者约翰·威克利夫(John Wycliffe)去世，牛津大学又相继建立了埃克塞特学院、奥里尔学院、女王学院和新学院。1314年，埃克塞特主教斯特佩尔顿的沃尔特(Walter of Stapel-don) 拿出一部分钱为来自西部地区的学生在牛津城建立了埃克塞特学院。学院早期有12名学者。1324年，圣·玛丽(St. Mary's)教堂神父亚当·德·布罗姆(Adam deBrome)在获得了特许状后建立了奥里尔学院，该院设一名院长(provost)和10名院士。1341年，埃格尔斯菲尔德的罗伯特(Robert of Eglesfield)在牛津建立了女王学院，主旨是研究神学如何为教会服务。在女王菲莉帕(philippa)的协助下，女王学院取得了罗马教皇的特许状，并且由教会拨款建造了礼拜堂。

【牛津历史】

12世纪上半叶，牛津城是教会法庭的所在地，曾举办了几次重要的宗教会议。当时，各种宗教诉讼案件如潮水般涌来。因此，12世纪中叶以后，牛津城已经成为司法审判中心。

1379年11月，一位出身贫寒且受教育不多的知名主教威克姆的威廉(William of Wykeham)创建了新学院。1400年，新学院颁布的院规规定，学院由一名院长和70名学者、10名牧师、3名受俸教士以及16位唱诗班的男孩子组成。创建者及其亲属以及学院投资者家乡的人享有优先进入学院的特权。与其他学院不同的是，新学院是一个接受本科生的学院。为了加强学生的日常管理和开销用度，学院为每个学生指定了指导教师，并定期支付教师的薪水。不少学者因此把新学院的做法看成是牛津大学导师制的发端。新学院也因此获得了

“牛津大学14世纪所创建的最伟大的学院”的美誉。

【牛津历史】

1200年前后，来牛津讲学和求学的人越来越多。这不仅推动了牛津城内寄宿舍(hall)和以后学院活动的扩展，而且也为牛津城学者行会的形成提供了条件。13世纪初，牛津城的学者已开设了文科、罗马法、教会法、神学和医学等学科，学生人数有二三百人。

进入15世纪，随着经济的发展和商人财富的增加，社会上为牛津大学捐赠的人越来越多。牛津大学先后又创建了林肯学院、众灵学院、莫德林学院和其他学院。1427年，林肯主教理查德·弗莱明(Richard Fleming)创建林肯学院。该学院的目的在于培养牧师来驳斥当时盛行的罗拉德派(Lollard)的教义及信仰。1438年的众灵学院是由坎特伯雷大主教亨利·奇切利(Henry Chichele)与国王亨利六世共同创建的，这是牛津大学唯一没有本科生的学院。创设该学院的目的一是要为教会和国家培养学识渊博的神职人员；二是要使之成为一个歌祷堂，为在内战和对法国战争中牺牲的英国亡灵祈祷，尤其是为与奇切利有密切政治关系的兰卡斯特王朝的成员祈祷。1458年，温彻斯特(Winchester)主教韦恩弗里特的威廉(William of Waynflete)创建莫德林学院。该学院成员包括院长和70名学者，其中40名为院士、30名为半津贴生(Demy)。

上述学院的建立是英国当时政治、经济和文化发展的必然要求，也是牛津大学不断发展的标志。牛津大学的最大特色就是学院制，其寄宿制和导师制都是在学院的基础上发展而来的。牛津大学早期的学院既反映了时代特征，又扩大了大学的影响。教会和王权都对学院的建设表现出极大的热情，并寄予了厚望。应该说，学院的基本结构、内涵和功能为牛津大学学院制的确立和发展奠定了基础，并成为牛津大学办学模式的溯源。

英国宗教改革的影响

亨利八世与罗马教廷的决裂，是英国宗教改革的前奏。从表面上看，亨利八世的离婚一案是英国王室与罗马教皇分道扬镳的直接导火索，然而，这场斗争实际上是欧洲大陆宗教改革运动的延续。中世纪以来，无论是在欧洲大陆还是在英国，人们对教会滥用权力、教会法庭不公以及教士生活腐败等现象早已深恶痛绝。冲破封建神学思想的束缚，摆脱罗马教权的桎梏，加强世俗王权的统治是当时政治和社会发展的需要。1529年英国议会的召开引发了英国的宗教改革。1529年，英国议会通过法案，禁止教会的横征暴敛。之后几年，宗教改革横扫整个社会领域，教会的利益受到抨击，越来越多的天主教神职人员被迫下台。1534年的《至尊法案》(Act of Supremacy)和《背叛法案》(Treason Act)明文宣告：英王是英格兰国教会的最高首领，这标志着英格兰教会与罗马教廷的正式决裂。在议会和贵族的支持下，亨利八世终于在全国实现了宗教改革。1535年，亨利八世的摄政王(Vicar General)托马斯·克伦威尔(Thomas Cromwell，1485—1540)负责调查和没收教会的财产，关闭了中小修道院并遣散修士和修女，这对天主教给予了沉重打击。

改革的风暴同样席卷了牛津大学。为了不折不扣地贯彻执行王权的意志，亨利八世为牛津大学任命了校长。尽管抱怨声不断，但最终牛津大学还是屈从了国王的要求。接着，克伦威尔组建了一个委员会，对牛津大学和修道院式的学堂进行巡视。为了铲除罗马天主教在大学的影响，该委员会为牛津大学颁布了新规定。例如，废止传统的评注式教学，以《圣经》取代《箴言四书》作为学生教材，开设希腊语、拉丁语、民法等新学科讲座，等等。总之，所有与之相左的传统做法都必须取消。随着《解散法案》(Dissolution)的出台，牛津大学周围大批的修道院都被解散或关闭，教会财产被没收或充公，修士和修女被遣散或逐出

修道院。从客观上讲，这一做法加强了牛津大学和剑桥大学的垄断地位，促进了教育世俗化的进程。1540年，亨利八世又先后在牛津大学设立了5个钦定教授职位，分别是神学、医学、民法、希伯来语和希腊语，以此来加强对大学的控制。

1547年，当爱德华六世(Edward Ⅵ，1547—1553)登基时，牛津大学已经处于风雨飘摇状态。在校学生人数大幅度减少，老式学堂一个接着一个被关闭，教会法规不再受宠，教师受到谩骂和诽谤，很多有用的书籍被焚毁。1549年，爱德华六世巡视牛津大学，并任命了一个巡视委员会对大学展开调查。随后，该巡视委员针对牛津大学的管理、课程、教学内容、教学方法以及学位授予等颁布了一套新的法令。颁布新法令的主要目的在于，继续迫使牛津大学全体师生效忠于王权，谴责罗马教皇的所作所为，为英国国教和王室服务。随着新的法令和条例的出台，牛津大学的学术生活逐渐恢复到正常发展轨道，在校学生人数开始有所回升。1552年，根据统计，牛津大学各个学院包括硕士、学士和其他层次的学生共有761人，各学堂的学生有260人。

1553年，玛丽一世(Mary Ⅰ，1553—1558)上台后，又恢复了天主教在英格兰的主导地位。随着天主教势力的卷土重来，以往被修改和推翻的法令和条例重新得以恢复，不少主张宗教改革的大学和学院的教师和学生要么逃往欧洲大陆避难，要么妥协，而那些意志坚强的清教徒则受到了排斥和迫害。当时，3名改革先驱——坎特伯雷大主教托马斯·克兰默(Thomas Cranmer)、伦敦主教尼古拉斯·里德利(Nicholas Ridley)和伍斯特主教休·拉蒂默(Hugh Latimer)被处以火刑，成为宗教改革的殉道者。

1558年，伊丽莎白一世登基，首先着手解决英格兰的宗教问题。1559年1月，她促使英国议会通过《至尊法案》，确立安立甘宗(Anglican Church)为英国国教，国王是宗教的最高首脑，强调教

【牛津历史】

1191年，牛津城的学生和学者开始将牛津称为“university(大学)”，意为一个保护教师和学生免受市民迫害的团体。正是在这个基础上，牛津逐步发展成为继意大利波洛尼亚大学和法国巴黎大学之后欧洲的第三个学术研究中心。

会和国家是统一体，而玛丽女王时期所颁布的法律统统被废除。与玛丽女王相比，伊丽莎白女王所推行的大学教育政策要缓和得多。这样，牛津大学和剑桥大学又重新垄断了英国高等教育领域。当然，这一变革也带来了负面影响，即所有不信奉英国国教的人们一直到19世纪末都被排斥在大学的校门外。根据1571年颁布的《三十九条信纲》，每个大学生都必须进行宗教宣誓。牛津大学要求学生入学注册时进行宣誓，而剑桥大学则要求在毕业考试前进行宣誓。直到1871年宗教宣誓废除时，这一法令才得以终止。

牛津大学的改革转型

进入19世纪后，随着工业革命的发展，英国社会发生了深刻的变化。为了适应形势的发展，社会各个领域都在进行变革。牛津大学此时与整个时代的发展显得格格不入，饱受社会各方面的批评。1833年，一些年轻学者和导师还发起了一场宗教复兴运动(即牛津运动)，在一定程度上推迟了牛津大学的改革。但是，伦敦大学的建立以及城市学院的兴起打破了牛津大学和剑桥大学独霸英国高等教育领域的局面。牛津大学面临着生存抉择：是保持和改良现有的教育体制还是接纳和创建新的教育体制，是改革传统的导师制教育还是以一种教授学术寡头制来替代。1850年，英国拉开了政府干预

【牛津历史】

1209年意外发生的一场骚乱事件几乎终止了牛津大学向学术研究中心发展的进程。1209年12月初，牛津大学的一个学生杀死情人逃走了，牛津城的市长和官员将他同寝室的两个学生抓住，并以同谋罪将其绞死。这一严重事件几乎使得牛津城的教学全部陷入停顿。

高等教育的序幕。随着三次皇家调查委员会的调查以及一系列改革政策的出台，牛津大学逐步从厚重的传统包袱中解脱出来，走上了传承和创新的改革之路。经过两次世界大战的洗礼，牛津大学更加明确了改革的方向和前进的道路，从一个地区性的单一的文科大学转变为一个文理学科并重的世界性大学。

牛津小百科

构成牛津大学的39所学院有许多在13世纪至16世纪之间创立，并且群聚在市中心周围。由于在当时学术是教会的专利，因此学院都以修道院式建筑来设计，不过四周往往围绕着美丽的庭园。尽管大多数的学院这些年来多有改变，但是依然融合许多原有特色。牛津并不只是座大学城，在考利郊区还拥有英国重要的汽车制造厂。同时，牛津还是学术机构的天下，这里有存书2万册的布雷克威尔书店。

第三课　牛津大学的繁荣时期

牛津名言

看书和学习——是思想的经常营养，是思想的无穷发展。

经过19世纪以来一系列的改革和调整，到20世纪中期时，牛津大学以其高质量人才的培养和高水平的学科而奠定了世界一流大学的基础。第二次世界大战结束后，牛津大学进入了一个相对稳定的繁荣发展阶段。从20世纪60年代开始，随着英国政府高等教育政策的不断调整，牛津大学又面临着一个新的发展机遇：从过去的私立大学转变成为接受国家资助的“国立”大学；自然科学领域又有了新的进展；学院制传统在创建新的学院过程中得到传承和革新；大学与工商企业联合走上了一条产学研结合的道路。在其繁荣发展的道路上，牛津大学面临一个又一

个挑战，最终，牛津大学在秉承传统的基础上，与时俱进，锐意进取，克服各种困难，使得这所古老大学重新焕发出勃勃生机，成为“智慧之光的聚合点”的世界高等学府，以“牛桥”(OXbridge)的办学理念和模式在世界一流大学中占有一席之地。

向“国立”大学的转变

1919年以前，牛津大学与其各学院之间在财政收入上的差距是很大的。尽管阿斯奎思委员会在大学和学院之间的收入分配上做了一些调整，但是，大学自身的经济状况并没有得到多少改善。随着大学拨款委员会的成立，牛津大学开始定期获得国家的公共经费支持。到20世纪50年代末，牛津大学从政府那里获得的公共经费在其总经费中已占有相当大的比例，实际上，它已成为一所“国立”大学。在众多影响牛津大学转变的因素中，大学从过去主要靠私人捐助转向主要靠公共经费支持是最为重要的因素。

在第二次世界大战前，英国政府对大学的财政支持只占大学收入的

三分之一。例如,1928年至1929年度,英国大学(不包括牛津大学和剑桥大学) 获得的议会拨款只相当于它们收入的35.9%，牛津大学的比例低于30%,剑桥大学的比例为25.6%。当时,人们有一个共识:即政府资助高等教育是合法的和必要的,但资助只是补助大学自身的财政赤字。大学拨款委员会、政府和牛津人都认为,独立的财政手段可以为大学提供最为稳固的学术自由基础。二战后,这种共识被颠倒过来了。因此,英国的大学开始从大学拨款委员会获得它们用于运作开支的大部分经费。到1949年至1951年,政府的拨款占大学总收入的61.5%。牛津大学也不例外。

英国政府之所以这样做,是因为人们对大学作用的新的认识。人们开始重新审视大学与政府间的关系，对大学在第二次世界大战后国家的重建和建立福利国家方面发挥的作用寄予了很大的希望。正如大学拨款委员会1964年的报告中所指出的:“二战后，英国致力于实现建设一个福利国家的目标。《1944年教育法》(The Education Act 1944)注定会导致大量的学生进大学深造。科学技术的重要意义远远超越了战前人们的想象,必然会导致社会对理科毕业生和专业研究活动的增长需求。”

1945年,大学拨款委员会建议将“年拨款额翻倍”。这样,每年政府的经费从大学预算的三分之一提高到50%还多。为了反映政府在经费额度上支持大学的这一变革,英国议会还修改了大学拨款委员会章程。到1946年,大学拨款委员会不仅仅是一个咨询组织,而且还承担了“与大学和其他机构协商支持大学发展计划的制订和实施，以确保大学的教学和科研满足国家的需求”。

二战后，政府和公众都对大学可能带来的成就给予很高期望。左翼和右翼政治家都带着乐观的态度期望大学的科学技术研究成果能为振兴经济发挥作用。家长和左翼政治家要求大学扩招，急切期待通过教育的方式实现社会机会的均等。舆论的倾向是,英

【牛津历史】

中世纪时期的欧洲大学堪比罗马帝国和教廷,是一些享有特权的组织。在教会和王权的介入与庇护下，大学获得了前所未有的特权和社会地位。英国牛津大学则是最早获得罗马教皇使节颁发许可状的大学,因此可以说,没有教廷和王权的护佑,就没有中世纪的牛津大学。

【牛津历史】

1214年的教皇使节法令是牛津大学所获得的最早的官方文件和特许状。该法令为牛津大学的师生取得了实实在在的权力和利益,例如,牛津大学师生的房租减半等等。此外,该法令还规定,大学校长必须是由主教任命的神职人员。

国社会如果还消灭不了阶级,但至少是富足的和开放的。于是,1946年,大学拨款委员会带着新大不列颠的梦想和新的使命开始运作,给大学划拨的经费比1945年多出一倍。

尽管到20世纪80年代,撒切尔夫人上台后,英国政府大幅削减了拨给大学的公共经费,但政府支持大学的宗旨依然没有改变,只是大学获得政府公共经费的规模、拨款方式以及政府分配经费的政策发生了改变。自高等教育基金委员会(Higher Education Funding Councilfor England,简称HEFCE)成立以来,牛津大学所获得的科研经费金额一直处于全英国大学的前列,而这笔经费收入也一直是牛津大学各种收入中最大的一部分。2008年度,牛津大学获得高等教育基金委员会拨给的经费为1.19亿英镑,是全英所有大学中最高的。政府经费的支持为牛津大学成为世界一流大学奠定了坚实的物质基础。应该说,如果没有政府的支持,牛津大学的学科建设及其规模就不会有今天这样的发展。这在世界高等教育领域有其独特之处。

从大学拨款委员会成立之日起,到1989年成立的大学基金委员会(University Funding Council)和1993年成立的高等教育基金委员会,英国政府通过不断地调整财政支持政策,促使高等教育扩大招生规模,提高办学效率,保障高等教育的质量以及建立统一的高等教育体系等,使得英国高等教育在世界高等教育领域保持领先水平。

进军自然科学领域

从1914年到1939年，牛津大学成功实现了由单一的文科大学向文理学科并重的大学的转型。然而，这一转型后的快速发展却是在1939年后。牛津大学加大了自然科学领域的投入，在资源、师资和学生三个方面齐头并进。20世纪30年代，牛津大学在自然科学方面的投入还是很少的，落后于英国的其他大学，如剑桥大学和曼彻斯特大学。然而，到60年代时，牛津大学已成为一个文理学科均衡发展的现代化大学。牛津大学这一时期形成的学科布局，一直到20世纪末21世纪初基本没有改变。

自然科学的发展

第二次世界大战后，牛津大学和学院的教师构成发生了很大变化。通过1923年和1974年这两个年份的比较，我们就可以感受到这种变化。1923年，在从事教学或研究的学院院士和大学教师中，约70%的教师属于文科学科，26.6%从事科学或技术，只有3.3%讲授社会学科。到1974年时，情况就截然不同了。牛津大学约43%的教师属于科学或技术学科，38%从事文科教学。

然而，当大学拥抱自然科学的时候，学院却袖手旁观，并未表现出欢迎的态度。这种情况直到20世纪60年代中期才有所改变，学院逐步开始接纳科学家进入学院的领地。一些历史较为悠久、规模较大且最有威望的

学院，如基督教堂学院和女王学院，直到20世纪80年代才肯对理科教师敞开大门。

随着国家对科学技术研究投入的不断增加，即从1938年的不到10万英镑增加到1964年的400万英镑，牛津大学每年对科学技术经费的投入也相应增加。例如:从第二次世界大战后直到20世纪70年代中期，牛津大学基本建设和设备的投入从1956年至1957年间的18.3万英镑增加到1966年至1967年间的120万英镑。这些投入都花在了牛津大学的理科校区和新的核物理实验大楼上。70年代初，新的动物学和心理学实验大楼也相继竣工。

20世纪50年代至60年代初，牛津大学本科生大量转入自然科学专业，尽管这一趋势仍然落后于理科教师人数的增长。1938年，牛津大学本科生中59.1%攻读文科专业，22.5%攻读社会学科，只有18.2%攻读科学和技术专业。而到1961年，攻读理科的学生已达到31%，社会学科基本保持在21.4%，文科则下降到47.5%。到1992年时，攻读科学技术学科的学生则达到42.5%。

到20世纪60年代初期，牛津大学的自然科学发展取得了很大成就。从1945年到1973年，牛津大学的科学家共获得6次诺贝尔奖，比整个法国只少一次。

到20世纪末21世纪初，牛津大学的自然学科已跨入世界顶级大学的行列。在历次英国《泰晤士报高等教育副刊》公布的世界大学排行榜上，牛津大学的综合排名都在前10名之内。在2009年《泰晤士报高等教育副刊》公布的世界大学排行榜上，牛津大学的综合排名为第五位。在学科排名榜上，牛津大学自然科学领域排名第五位(92.5分)，生命科学和生物医学领域排名第三位(84.1分)，工程和信息技术领域排名第十一位(59.8分)，艺术与人文学科排名第二位(96.5分)，社会科学

【牛津历史】

亨利三世统治时期，牛津大学的地位愈来愈重要。1244年、1248年和1255年的皇家特许状都进一步加强了大学校长的管辖权限。例如，大学校长拥有处理学生与市民的债务和合同、审判和惩罚市民的权力。

排名第三位(85.1分)。

传承与创新学院制的传统

牛津大学的学院制传统可以追溯到17世纪，其核心内容是学院的自治权利。作为牛津大学的基本单位,每个学院都拥有自己完整的学习和生活体系。学院制传统支撑着牛津大学作为一个学者共同体的存在,独立的学院制成为牛津大学立校的根基。但是,随着时代的发展和社会的进步,如何既继承传统又进行变革,牛津大学的学院制传统面临着新的挑战。在创建招收研究生的学院以及开设新的学科过程中，牛津大学的学院制传统得到了传承和革新,从而回应了时代和社会发展的要求。

学院制传统的革新

从12世纪到21世纪初，牛津大学已发展成为一个拥有38所独立学院的联邦体。每所学院无论规模有多大,其学生构成和功能方面都发生了变化,使得牛津大学校园生活更加丰富多彩。几个世纪以来,学生的构成或教育活动的重大变化都是首先在新的学院的创建过程中发生的。在过去的几百年里，牛津大学创建独立的学院接纳不同类别的学生以及开拓新的学术领域的传统一直延续着。

除原有的20所招收男生的学院外，牛津大学从1878年到2008年又创建了14所招收本科女生或研究生的学院。其中,6所女子学院分别是玛格丽特夫人学堂、圣

【牛津历史】

在牛津大学的管理结构中，除校长外，还设有两名学监，均由文学院推选产生。作为大学的官方代表，他们主要负责文学院和同乡会(nations)工作，是大学最早的行政执行官。学监可以单独召开文学院全体教职员大会，协助校长完成其职责内的工作，如执行法令、监督选举、规范学术活动、参加毕业典礼以及学生的宣誓等。

安妮学院、圣希尔达学院、圣体学院、萨默维尔学院和圣凯瑟琳学院。8所研究生学院分别是纳菲尔德学院、利纳克尔学院、圣安东尼学院、圣克洛兹学院、沃尔夫逊学院、凯洛格学院、坦普莱顿学院和格林学院。这些研究生学院都在1958年至2008年间获得了特许证。需要指出的是，格林坦普莱顿学院是牛津大学最年轻的学院。

圣凯瑟琳学院的创办人艾伦·布洛克(Allan Bullock)认为，在新的学院的创建过程中，“一个学院制的大学如果能将新的学科与不同生源的学生融合在一起，那它就最能应对时代的挑战……新建的学院就要承担起现代化混合体的责任”。二次大战后，牛津大学扩大理科招生，加大科研力度，并开始与工商界合作，这些都是在保持学院制传统的基础上所采取的新举措，为牛津大学的繁荣发展开辟了新的天地。

在新学院的创建过程中，学院开始寻求英国工商界的资助。1956年，创建圣凯瑟琳学院所需要的经费预算是1937年创建纳菲尔德学院时所需经费的两倍。如何筹集这样一大笔经费无疑是一个巨大的挑战。于是，牛津大学时任注册官道格拉斯·维尔(Douglas Veale)勋爵以艾伦·布洛克的名义给美国的洛克菲勒基金会和福特基金会写信，请求他们资助该学院的建设和发展。最终，除一半的费用由英国工商界人士支付外，创建该学院余下的经费都是由洛克菲勒基金会和福特基金会捐助的。

创建圣凯瑟琳学院还表明，当弗兰克斯委员会将牛津大学定位为世界一流大学时，牛津大学开始把目光投向海外的学生和捐助者。在英国的其他大学中，只有伦敦大学在留学生数量上能与牛津大学抗衡。来自国外的各种经费，为牛津大学学院校舍的扩建和教育资源的增加做出了很大的贡献。

由此可见，牛津大学20世纪后半期创建的学院体现了其学院制传统模式的连续性和创新性。在这一过程中，充分依靠英国工商界和国外捐助者是其学院制传统得以发展的重要条件。

创建研究生学院

20世纪60年代是英国高等教育大发展的时代。作为对罗宾斯委员会(Robbins Commission)的回应，牛津大学扩大了招生规模，特别是攻读理科学生的名额。同时，牛津大学研究生教育的工作也有了很大发展。从1956年至1966年，尽管牛津大学学生的总人数从7000人增加到10201人，同比增长了30%，但研究生的人数则增长了一倍还多，从1110人增加到2609人。就英国大学招收研究生的人数而言，牛津大学在研究生人数和相对比例方面仅次于伦敦大学。

到20世纪70年代，牛津大学已有6所研究生学院。研究生学院分两种类型：一类是以某一特定学科为主，面向所有学科的学生开放。例如，纳菲尔德学院以社会学科为主，圣安东尼学院以国际关系学科为主，格林学院以临床医学为主。另一类是招收各种学科的学生。例如，圣克洛兹学院、沃尔夫逊学院和格林学院。

通过对纳菲尔德学院、圣安东尼学院、利纳克尔学院这3所研究生学院的调查和评估，《弗兰克斯委员会报告》得出了这样的结论：牛津大学的研究生教育已经成为牛津大学取得世界级大学地位不可或缺的一部分。弗兰克斯委员会认识到，牛津大学的国际地位依赖于其对学术界的直接贡献，包括学术研究成果以

【牛津历史】

15世纪牛津大学的教学程序基本上是不变的。1431年的法令要求开设常规讲座的教师首先诵读课文，接着对课文进行全面讲解，然后从中挑出个别篇章进行评论，最后有必要时加以讨论。

及杰出的学者和科学家。正如弗兰克斯委员会主席奥利弗·弗兰克斯(Oliver Franks，1905—1992)勋爵在全校教职员大会上发表演讲时所说的："要想屹立于国际学术强手之林，牛津大学需要认真考虑其科学研究的规模和质量，以及研究生教育的规模和质量。"二战前，牛津大学的研究生人数少且质量差。1938至1939学年，住校的研究生只有536人，占学生总人数的11%；在二战后，这个数字翻了一番。但是，牛津大学的研究生人数真正大幅增加是在弗兰克斯委员会成立以后。按照弗兰克斯委员会的计划，牛津大学制定了从1966年至1986年期间大规模增加研究生人数的目标。据统计，1966至1967学年，研究生的人数增加到2 310人，占全校学生人数的23%；1986至1987学年，研究生人数又增加到3 530人，占全校学生人数的27%。由此可见，这些目标都实现了。弗兰克斯并不赞成美国式的"大规模研究生院"的做法，认为这样做会与牛津大学学院制传统格格不入。因此，《弗兰克斯委员会报告》还是建议牛津大学的研究生都能在学院这样的环境里学习和生活。同时，该报告还建议，牛津大学应该为这些研究生建立新的研究生学院。

牛津大学创建圣克洛兹学院和沃尔夫逊学院的目的是为那些没有任何学院归属的、从事自然科学研究的科学家提供一个安身立命的地方，让他们有归属感。格林学院是从临床医学学院的基础上发展而来的，于1979年正式招生。到1986年时，学院已有132名研究生。2008年10月，格林学院和坦普莱顿学院这两所学院宣布正式合并，成立格林坦普莱顿学院。新的学院仍以研究生为主，是强强联合的结果。

从上述新建的研究生学院可以清楚地发现，牛津大学的学院制在不断扩大、发展和革新。牛津大学建立研究生学院并没有破坏学院制的传统，也没有墨守成规，而是不失时机地对一些新鲜事物做出正面的反应。

探索产学研一体化的新模式

牛津大学走产学研(Business, Learning and Research)结合的道路既是英国社会经济、科技和高等教育发展的必然产物，也是其自身发展的需要。20世纪50年代，作为高等院校与产业界合作的模式——大学科技园率先在美国诞生，随后在世界范围内得到广泛推广。70年代初，英国创建了欧洲第一个大学科技园——剑桥大学科技园，由此引发了英国高等院校兴办科技园的第一次高潮。在英国政府高等教育政策的引导下，特别是在剑桥大学科技园的示范作用下，牛津大学的科技产业开始起步。80年代末，牛津大学创建了第一个大学科技园，即莫德林科技园区(Magdalen Science Park)。自80年代以来，英国政府鼓励高等院校参与竞争，走产学研一体化的道路。因此，牛津大学充分发挥自身的科研优势，在产学研一体化发展的道路上取得了很大成效。在牛津大学产学研一体化发展的过程中，艾西斯技术创新有限公司(Isis Innovation Limited)和贝格布鲁克科技园区(Begbroke Science Park)成绩斐然，受到全球的瞩目。

牛津大学是现今欧洲最具创新活力的大学之一。牛津大学在创造就业机会、财富、技能以及创新方面也走在英国大学的前列。牛津大学不仅在英国知识转让和商业衍生领域居于领先地位，而且还是制定大学知识产权政策的开拓者，其中最具代表性的是艾西斯技术创新有限公司。该公司在科技成果转化、专利申请以及创建衍生公司方面为英国大学树立了榜样。

艾西斯技术创新有限公司的前身是创办于1987年的牛津大学研发有限公司，该公司于1988年被重新命名为艾西斯技术创新有限公司。它是牛津大学的独资技术转让公司，其业务主要是管理和经营牛津大学的知

【牛津历史】

在《伊丽莎白法令》和《伊丽莎白章程》颁布后的几年里，牛津大学出台了一系列相关法令。1565年，牛津大学制定了招生法令，建立起大学成员的注册簿制度(Register)。根据这个法令，大学所有的学院和学堂分别由25名院长管辖，大学的注册簿记载了每个成员的姓名、年龄、住址和社会地位等信息。

【牛津历史】

伊丽莎白一世统治时期,牛津大学的地位不断提高,面貌焕然一新,逐步走向世俗化。首先,学生的成分发生了变化。在大学里,来自名门贵族、骑士和绅士家庭的年轻人取代了早期家境贫寒且学习刻苦的学生。

识产权事务;与牛津大学的学者和研究人员一道通过授予专利权和签发许可证、创建衍生公司、提供咨询以及销售高科技材料等方式,确认、保护和营销科技成果,如生物和物理科学材料;为研究者提供商业咨询,资助专利申请和诉讼费,协商开发和达成创建衍生公司协议等。公司负责牛津大学所有科研活动领域的科研成果的专利申请和转化业务,包括生命科学、物理学、社会科学以及人文学科等学科领域。

自1997年以来,艾西斯技术创新有限公司已创办了66个衍生公司,为牛津大学带来了非常可观的股份利润。目前,这些衍生公司的市值约为20亿英镑。公司平均每周提交一份专利申请,管理着400多个专利申请族和200份专利许可证协议。2001年6月,在首次举行的"英国最具创新活力大学"的评比活动中,牛津大学击败剑桥大学和帝国理工学院而一举夺魁,其创新能力让同行刮目相看。

2008年,艾西斯技术创新有限公司的产值从过去的350万英镑增加到470万英镑,对牛津大学的贡献从170万英镑增加到250万英镑。技术转化协议签署的成功率从过去的50%增加到74%。通过科技转化,牛津大学不仅获得了许多知识产权,使得大学资金来源多样化,扩大了财政自主权,而且,还为牛津大学培养了一批年轻有为的科研队伍。正如牛津大学前副校长考林·卢卡斯爵士 (Sir Colin Lu-

cas)所指出的:大学确实要对经济做出贡献,但更为重要的是探索事物的本质、意义和价值,大学的事业在于从物质方式和精神方式两个方面探索整个人类的经验及其自然环境,教会青年人去思考,培养他们的领导能力、决策能力、个人责任感和社会良知,这些都是大学的使命,毕竟推动经济的发展只不过是大学一个方面的功能。

高科技园区的创建

牛津大学参与科技园的建设始于20世纪80年代,是牛津郡经济合作伙伴组织(Oxfordshire Economic Partnership)的成员。牛津郡经济合作伙伴组织成立于1988年,融牛津郡地区的商务机构、地方当局、高等院校和企业为一体,旨在打造世界级的经济产业带。在该产业带中,有1500家高科技企业与牛津大学建立了联系。牛津大学在其周边区域先后创建了两个高科技园区,分别是莫德林科技园区和贝格布鲁克科技园区。它们与附近的牛津郡的米尔顿科技园区(Milton Science Park)一起形成了生机勃勃的高科技产业带,成为当地经济发展的增长点,被称为促进地区商业群体成功崛起的"经典范例"。这里仅以贝格布鲁克科技园区为例。

贝格布鲁克科技园区的前身是贝格布鲁克山农场(Begbroke Hill Farm)。1998年,牛津大学出资买下这一地块。从1999年起,该地块成为牛津大学材料系的所在地,并很快吸引了很多技术创新公司到这里落户,寻求与大学开展研究领域的合作。科技园开始在纳米技术、航空航天、环境技术、汽车和材料领域为产业提供研发、教育和培

【牛津历史】

在查理一世统治时期，坎特伯雷大主教威廉·劳德担任牛津大学的校长。劳德主持起草了新的牛津大学校规。新校规经过8年(1629—1636)的努力才得以完成。1636年6月22日，《劳德规约》(Laudian Code)正式颁布。这是牛津大学第一部完整的校规。

训、技术转让以及高端服务。至此，投资2 500万英镑的贝格布鲁克科技园区逐步形成，并于2000年6月22日正式开园。时任英国科学和创新部大臣的塞恩斯伯里勋爵(Lord Sainsbury)出席了开幕式并指出："科技界与产业界的合作可以为英国在创造财富和就业方面发挥宝贵的作用。"时任牛津大学校长的科林·卢卡斯爵士则相信，集产学研为一体的贝格布鲁克科技园一定能够成为其他科技园的典范。

贝格布鲁克科技园区是欧洲第一批高科技园区之一，实现了将牛津大学在材料、化学、物理和工程领域的一流科研与英国一流企业所属的技术创新公司和商业实验室融为一体的办园目标。为了更好地为科技园区内和即将入园的企业服务，贝格布鲁克科技园区建立了创新技术和企业服务中心，其宗旨在于为那些高科技和知识密集型的创业公司和衍生公司提供独一无二的企业发展环境。与此同时，该中心还定期举办发布会，让科技园区内的企业了解牛津大学世界一流的科研项目，提供与专家交流的机会。目前，贝格布鲁克科技园区的主要高科技公司和企业有28家之多，涉及水生物科学、临床生物医药、法医光纤鉴定、生物传感器、基因技术和基因组学、激光医疗诊断、离子治疗、纳米材料、汽车安

全保障系统和科技咨询等高科技领域。

2003年，贝格布鲁克科技园区会同牛津大学艾西斯技术创新有限公司和萨德商学院等单位联合向英国政府提交了一份促进大学专利转化项目的建议书，得到英格兰高等教育拨款委员会的支持，申请获得了英国高等教育创新基金(Higher Education Innovation Fund)100万英镑的经费支持。科技园利用该笔经费设立了两类企业研究员职位 (enterprise fellowship)，分别是技术研究员(technology fellow)和商务研究员(business fellow)。担任技术研究员的人是那些一直在从事科学研究并持有潜在商业价值的技术专利的人，其主要职能是用自己的科研成果创办创业公司。担任商务研究员的人则是那些有科技产业经验和MBA专业背景的人，其主要职能是协助技术研究员进行项目谈判和商业运作。2004年，英国政府在贝格布鲁克科技园区成功经验的基础上，向全英大学科技园区推广了由政府、大学科技园和私人投资共同参与支持的"高等教育创新基金"项目，形成了一个多方关注、互利共赢的高科技产业发展平台。2005年，科技园又增设了知识转让研究员职位(knowledge transfer fellow)，其主要职能是与大学的教学系部和校外企业持股人设计和开发以市场为导向、企业为重点的课程、研讨会、网络和其他学习活动。

在贝格布鲁克科技园区，还设有牛津大学知识转让合作办公室。该办公室是为刚毕业的学生提供一个能在具有战略潜力的项目公司里工作的机会，将学术研究转化成技术创新。

在招商引资、与企业联姻的同时，贝格布鲁克科技园区还致力于提供各种教育和教学活动，例如提供学习设施、举办专题报告会、开设研讨会、认证课程等。科技园基础课程涉及两个快速发展的科技领域，即纳米技术和气候变化领域。科技园既为中学生举办专题报告会，启迪科技创新和商业开发的意识，又为非专业人士

【牛津历史】

在牛津大学，首先建立图书馆的是默顿学院，因而它成为第一个拥有自己图书馆的学院。根据史料记载，大学接受的第一批捐赠书籍是1217年至1220年间曾担任过林肯主教教区副主教的罗杰鲁斯·德·英萨拉(Rogerus de Insula)捐赠的几本《圣经》。

开设研讨会,介绍科技领域的最新发展和创新成果。同时,科技园还为大学相关专业提供实习基地。

由此可见,贝格布鲁克科技园区是将产学研融为一体形成新的合力的最好示范。作为科技成果转化的孵化器,贝格布鲁克科技园区依托牛津大学强大的科研队伍和先进的科研成果,借助企业的研究资金,使科研成果转化成为商业机会,最终达到大学和企业的互惠互利。

牛津大学自中世纪以来就与教会和王权有着千丝万缕的联系。从创建初期,牛津大学就属于教会的一部分,大学的教师、教学内容以及学生都在为教会服务。作为回报,罗马教廷赋予牛津大学各种特权,使之成为凌驾于世俗权威之上的组织。当英国的王权与罗马教廷决裂后,牛津大学又与政教合一的王权联姻,为英国教会和政府培养管理精英;而作为回报,牛津大学得到了独立的自治地位和经济上的大力资助。当19世纪70年代牛津大学与英国国教正式脱离关系后,牛津大学又成了保守党的大本营。尽管有一段时间徘徊在社会的边缘地带,但进入20世纪后,牛津大学很快就找到了自己的舞台,为国家的发展和社会的进步发挥着自己的重要作用。正因为如此,牛津大学一直被视为培养精英的摇篮和进入仕途的后备人才基地。

作为一所英国最古老的大学,牛津大学并没有墨守成规,而是跟随社会的发展和时代前进的步伐,在秉承传统的基础上不断改革,走在英国乃至世界高等教育发展的前列。牛津大学的改革是渐进式的,而非革命式的,这一点也反映了英国国家历史发展的特点。继承传统对于牛津大学是至关重要的,因为没有这一传统,学院制

的牛津大学今天也就不存在了。正是由于这一传统，“牛桥大学模式”才成为世界高等教育领域中的一朵奇葩。牛津大学最独特的传统就是学院制，而学院制的传统则在于学院制、寄宿制和导师制的有机构成，这成为牛津大学的灵魂。尽管它也有不少弊端，但牛津大学却从中找到了其存在的价值和优势，并传承至今，成为牛津大学屹立于世界一流大学之林的法宝之一。当然，牛津大学在继承传统的同时，也根据时代的精神进行创新，在学科发展、人才培养以及服务社会方面都走出了一条独特的发展道路，并取得了辉煌的、令世人瞩目的学术成就。

迄今为止，人们依然愿意把牛津大学看成是以人文学科见长的世界知名高等学府。但实际上，自二战以来，随着其自然科学学科的长足发展，牛津大学已成为一所文理并重的世界一流大学。牛津大学发展自然科学学科既是同家的需要，也是时代的必然。在国家的大力支持下，牛津大学改变了以往为少数人提供精英教育的模式，开始以平等主义的理念提供精英教育，学科范围不仅仅限于传统的人文学科领域，还开始拓展到现代人文学科和现代科学领域。学生的构成逐步多元化，使以往凸现贵族特色的英国大学转变成为平民化的世界一流大学，甚至比哈佛大学和耶鲁大学都做得出色。这些变化反映了牛津大学自我调整和不断创新的能力及其灵活性。

牛津大学过去一直非常重视教学功能，因此，在20世纪初它就成为世界一流的教学型大学。但是，随着欧洲大学的现代化和两次世界大战的爆发，牛津人逐步认识到科研的重要性并奋力直追。终于在二战结束后使牛津大学成为文理学科并重的现代化大学，教学和科研得到了均衡发展。由于牛津人不很重视甚至排斥大学的社会服务功能，因此，直到20世纪70年代后，才开始对产学研一体化进

【牛津历史】

13世纪20年代，伍斯特主教托马斯·科巴姆(Thomas Cobham)捐赠了一部分书籍和钱款，设立了科巴姆图书馆。1439年，格洛斯特公爵汉弗莱(Humphrey Duke of Gloucester)也向大学捐赠了129册书，在其去世前，一共向大学捐赠了600多册书。1458年，牛津大学建立了以汉弗莱公爵命名的大学图书馆，即汉弗莱公爵图书馆。

行探索。例如，艾西斯技术创新有限公司的创办，以及莫德林科技同区和贝格布鲁克科技园区的创建等。牛津大学终于冲破传统的羁绊，在产学研一体化方面走出了一条独特的道路，进而推动了牛津大学的进一步发展。

无论从历史的视角还是从现实的角度，牛津大学对英国社会的影响都是巨大的。自中世纪形成以来，牛津大学为英国统治阶级培养了大量的社会精英，这些毕业生在各个时期不同的社会精英阶层都发挥了非常重要的作用，甚至影响了历史发展的进程。当然，在这个过程中，牛津大学也获得了很大的好处。因为牛津大学培养的英国首相、议会议员、主教、知名学者以及外国政治家等，都成为牛津大学扩大其影响的活广告。这些人不仅为牛津大学带来了重要的社会效益，而且还带来了巨大的经济效益。与此同时，牛津大学一流的科研和学术成果不仅为牛津大学带来了诸如诺贝尔奖这样的声誉，而且通过牛津大学出版社以及艾西斯技术创新有限公司等，为牛津大学带来了可观的经济效益。在全球化的进程中，牛津大学还吸引了大批海外的优秀学者和学生前来任教和求学，这更加提高了牛津大学的国际地位和影响力。所有这一切，都使得牛津大学步入了良性发展的轨道。

牛津小百科

牛津因为它闻名于世界的一流学府的地位和遍布各地的古迹而成为人们极度向往的城市。在9世纪建立的、距今有1100多年历史的牛津城是英国皇族和学者的摇篮。现在牛津已经成为熙熙攘攘的世界城市。尽管还是那个古老的大学城，但遍布城市各个角落的商业企业，特别是高科技企业，使牛津这座古老的城市焕发了青春的活力。

第四课　牛津名人榜——英国首相哈罗德·威尔逊

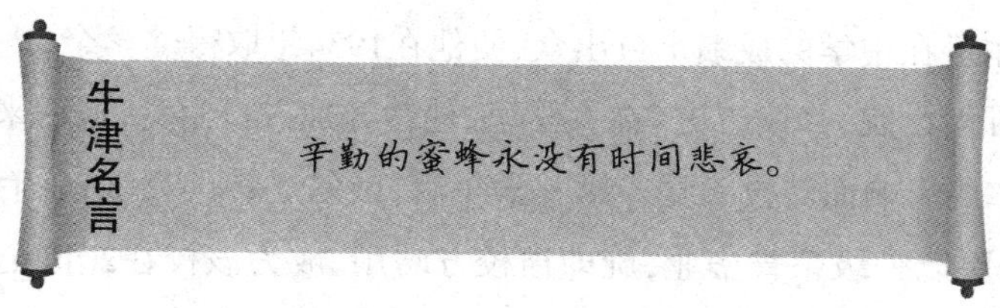

詹姆士·哈罗德·威尔逊，里沃的威尔逊男爵，20世纪最重要的一位英国政治家。曾分别在1964年、1966年、1974年2月和1974年6月的大选中胜出。虽然他每次在大选中只是险胜，但综合而言，他在大选胜出的次数，冠绝所有20世纪的英国首相。另外，比较其他同时代的政治人物，他被普遍认为是一位智慧型的政治家。

早年生涯

威尔逊于1916年出生于英格兰哈得兹菲尔(Huddersfield)的一个政治家庭，比他日后的对手希思早数个月出生。威尔逊的父亲赫伯特早年活跃于自由党，后来则加入工党。威尔逊8岁的时候曾到访伦敦，并曾在唐宁街10号的门口留影。

【牛津历史】

在牛津大学图书馆的历史上，下述事件对其建立和发展具有重要意义：1610年，图书馆获得伦敦书商联合会（Stationer's Company of London）的保证，即在英国每出一本新书都会免费赠给图书馆一册；1640年，第一批英文书籍进入图书馆。

威尔逊早年获得奖学金，入读哈得兹菲尔皇家会堂中学（Royds Hall Secondary School, Huddersfield），但在1931年的时候，他在一次童军远足中喝了受污染的牛奶而染上伤寒，使他有数个月要告假就医。到了翌年，他的作为工业化学家的父亲因为人手过剩而被解雇，威尔逊遂举家迁到威勒尔（Wirral）的斯比塔耳（Spital）寻找工作。他在那里的威勒尔文法男校（Wirral Grammar School for Boys）就读中学六年级，并成了学生代表。

威尔逊在中学的成绩十分出众，使他在1934年取得奖学金，入读牛津大学的耶稣学院，修读历史。在大学里，他曾经加入自由党，但后来受到G. D.H.柯尔的影响而转投工党。第一学年后，威尔逊转读哲学、政治及经济学，后来更以一级荣誉毕业，旋即被校方聘用，成为该校在20世纪中最年轻的导师。

威尔逊在1937年成为牛津大学新学院的经济学讲师，在1938年起又成为大学学院的经济史讲师。在这段时期，他也是威廉·贝弗里奇的助理研究员，专门研究失业和贸易周期。

第二次世界大战爆发后，威尔逊曾自愿从军，但由于他被界定为专业人士，而被纳为公务员，成为研究采煤工业的统计学家和经济学家。随后自1943年至1944年，他在燃料与电力部出任经济学与统计学部门的处长，而统计学更在日后成了他毕生的兴趣。另外，他曾自1972年至1973年出任皇家统计学会会长。

国会生涯

在大战进入尾声的时候，威尔逊开始寻求在临近的大选中觅得一个下议院议席，于是他被指派出选奥姆斯克（Ormskirk）选区，挑战另一候选人史蒂芬·金-贺（Stephen King-Hall）。最初，威尔逊打算在大选召开前夕才宣布参选，但他却意外地答应立即宣布参选，结果被迫提早脱离公务员行列。在这段时间，他写了《采煤业的新政》一文，以他在大战期间的工作经验，反驳国有化有助提升煤矿采矿效率的理论。

在1945年大选中，工党击败保守党，在大选中取得了大胜，而威尔逊也顺利地当选国会议员。但他意想不到的是，他立即被聘任为公务部（Ministry of Works）的国会秘书。两年后，他被改派为海外贸易秘书（Secretary for Overseas Trade），任内曾数次到访苏联，商讨贸易事宜，但这些外访在日后却遭对手指为有通敌之嫌。

在1947年10月14日，年仅31岁的威尔逊被任命为贸易委员会主席（President of the Board of Trade），晋身内阁，成为20世纪英国最年轻的阁员。在任内，他大力提倡通过《1947年贸易统计学法案》，改革英国收集经济数据的法则，而该法案也一直沿用至今。另外，他还带头动议废除战时的配给制度。到了1950年大选，由于选区改易，威尔逊转到新设立的海顿（Huyton）选区，最终以些微的票数险胜。

为了筹措足够的军费以应付朝鲜战争，工党政府在1951年决定国民保健署（National Health Service）将对药物收取费用，此举使威尔逊跟随了安奈林·贝文（Aneurin Bevan）的行列，在1951年4月宣布辞去所有政府职务，以示抗议，从此，威尔逊开始被视为左派人物。同年10月，工党政府垮台，威尔逊成为贝文的“靠左派”主席，但不久以后，威尔逊却开始与贝文保持距离。巧合的是，贝文后来在1954年宣布进一步辞去影子内阁的职务，威尔逊遂立即被起用。

反对党生涯

威尔逊是位十分能干的影子阁员，除了成功地使保守党政府的《1955年财政法案》流产外，他在1956年发表的一则精辟的言论更赢得不少掌声。当年，担任影子内阁财政大臣的威尔逊，以“苏黎世的地精”（gnomes of Z ü rich）来形容瑞士的银行家，讽刺他们企图以投机手段使英镑贬值。另一方面，工党在1955年大选落败后，他曾展开调查，试图找出工党落败的原因，并提出几项可行的建议。1959年，威尔逊又成功地将下议院账目委员会主席一职合并到影子内阁财政大臣身上。

1960年，仍然被视为左派的威尔逊，尝试在党魁选举中挑战党魁晓治·盖茨克（Hugh Gaitskell），虽然在盖茨克的带领下，工党在1959年大选中大热倒灶，后来又受废除"第四款"一事蒙上阴影，但威尔逊仍然落败。其后在1962年，威尔逊参选副党魁，却被乔治·布朗击败。此后，他出任影子内阁外务大臣一职。

正当工党重整旗鼓的时候，晓治·盖茨克却在1963年1月突然死亡。威尔逊于是再度成为党魁选举的左翼候选人，挑战乔治·布朗。后来由于卡拉汉加入选战，分散了党内的右翼选票，以致威尔逊在选举胜出，成了新任工党党魁。不久以后，保守党政府爆发了"普罗富莫事件"（Profumo Affair），威尔逊谴责"丑闻揭露了我们社会里病态的一面"，从而博得不少支持，由于麦美伦的保守党政府也因丑闻而大受打击，促使麦美伦在1963年10月辞去首相一职，由亚历克·道格拉斯·霍姆爵士接任。由于霍姆是贵族，不能在下议院发言，以致他上任后立即宣布放弃他的伯爵爵位。道格拉斯·霍姆下台后，威尔逊曾在议会取笑他是霍姆伯爵十四世，霍姆立即回应道："我相信威尔逊先生是威尔逊先生十四世吧！"

首相生涯

受"普罗富莫事件"影响，工党得以在1964年大选中险胜，在下议院取得4席的多数优势，并由威尔逊出任首相一职。然而，由于工党只有仅4席的多数优势，难以确保政府不会垮台，威尔逊唯有小心行事，在18个月后，即1966年3月，再次举行大选。在这次大选中，执政的工党扩大了多数优势至96席，进一步稳定了威尔逊政府。此外，威

【牛津历史】

都铎王朝是英国君主制度历史上的黄金时期。这一时期，牛津大学创建了6所学院，分别是布雷齐诺斯学院、基督圣体学院、基督教堂学院、三一学院、圣约翰学院和耶稣学院。其中，布雷齐诺斯学院和基督教堂学院是在天主教主导时期建立的。

尔逊上任首相后，他钟爱吸烟斗、穿着Gannex牌雨衣的形象，以及爱到西西里岛度假的习惯，也渐渐深入民心。

在1963年年尾的工党大会上，威尔逊发表了一番重要言论，指“英国将会赶到科学与科技革命的白热（white heat）中，而过时落伍的工业制度和运作方法则会被淘汰”。这段言论为威尔逊赢得不少支持，使他被视为技术专家政治论者（technocrat）的代表，别具一格地独立于社会传统。

在第一段任期内，威尔逊政府创立了公开大学，他一直对这项建设十分重视，并认为这是他任首相的最大成就之一。

在海外事务上，威尔逊备受殖民地危机的困扰，当中又以非洲的罗德西亚和南非的问题最为棘手。基于原则的问题，威尔逊一直不容许罗德西亚首相伊恩·史密斯（Ian Smith）带领罗德西亚独立，因为史密斯是分离主义者，而且又是白人少数政府的领袖，并不能代表当地占大多数的黑人。结果史密斯在1965年11月11日宣布了《单方面独立宣言》（Unilateral Declaration of Independence，简称UDI），将罗德西亚从英国独立出去。然而，威尔逊不肯退让，一直对独立宣言不予承认，随后更成功向联合国申请对罗德西亚进行制裁。此外，威尔逊又拒绝应美国的要求对越战提供军事援助，而只同意提供外交援助。

在经济事务上，威尔逊常被对手指为态度暧昧。例如，威尔逊一直反对英镑贬值，但当英镑随后在1967年11月贬值后，他却在电台讲话中，视贬值为一种胜利，并说道：“从政治的角度来看，一个星期是一段长时间”（A week is a long time

【牛津历史】

在斯图亚特王朝时期，牛津大学又增加了3所学院，分别是沃德姆学院、彭布罗克学院和伍斯特学院。

in politics)。"他这番话的意思，是指政府在最初可能做得不好，但最终一定会有所交代，反之亦然。为了稳定民心，威尔逊又说贬值一事"并不代表在英国——你钱包里的英镑——的价值少了……"。另一方面，威尔逊在处理工业纠纷的问题上也被评为效率过低。当中，全国海员联合会(National Union of Seamen)就曾在1966年大选后发动罢工，罢工持续了6个星期，对威尔逊的声望有所打击。

威尔逊在1965年显示了平民主义者的一面，决意向披头士乐队颁赠MBE勋衔。披头士获勋一事，使国内的年轻一辈认为，首相与年轻人之间有"接触"；但国内占少数的保守主义者和曾同样获勋的老军人却表示反对。批评者认为，威尔逊希望授勋一事可为他在下届大选中取得年轻人的支持；但也有不少人反驳，指出英国当时法定的最低投票岁数是21岁的成人，而披头士的歌迷却以青少年为主。不管谁是谁非，可以肯定的是，事件将威尔逊成功地塑造成现代领袖的形象，披头士乐队也把他视为"新英国"的骄傲。

可是到了1967年，威尔逊却与另一乐队The Move陷入瓜葛，其后他更控告该乐队的经理人诽谤。原因是该乐队在为单曲《Flowers In The Rain》印制的宣传明信片上，画有一个卡通化的

威尔逊与女助手睡在同一张床上，结果引致原有的绯闻被广泛流传。最终威尔逊胜诉，乐队则被法院裁定，他们从该首歌曲所赚到的金钱，必须用作威尔逊的终生养老金，但后来在威尔逊要求下，赚到的金钱一概捐到他指定的慈善团体。

在1969年的时候，工党的支持率曾经下跌，但到了1970年又重新回升。适逢任期将届满，威尔逊遂趁机在1970年6月宣布举行大选，以巩固自己的支持。在大选临近的时候，保守党在塞尔斯登公园酒店意外泄露一份政策文件，内容大致是指出保守党将会任用颇激进的货币主义者，推动以自由市场为方针的政策，去解决国内的通货膨胀和失业问题。消息传出后，威尔逊立即指出保守党的政策失当，并以“塞尔斯登人”(Selsdon Man)来取笑保守党的政策反动保守。然而，当时的舆论低估了大众的反工党情绪，以致威尔逊出乎意料地在大选中输给了保守党的希思。可是，由于希思上任后未能有效解决国内的种种问题，所以威尔逊在1974年2月的大选中以些微的多数优势击败希思，重新上台执政。为了进一步巩固工党在下议院的多数优势，威尔逊在同年10月再度举行大选，并成功拉抬工党在议会的多数优势。

在1974年的两次大选竞选活动期间，威尔逊曾承诺将就英国加入欧洲共同体的条款进行重新谈判，再决定英国是否留在欧共体。结果威尔逊上台后，下议院通过英国将在新的条款下留在欧共体，随后威尔逊又举行了公投，投票在1975年6月5日有了结果，结果确认了下院的议决。

早在1971年9月，威尔逊曾发表了他对爱尔兰统一的看法，以回应日益恶化的爱尔兰问题。威尔逊定下了目标，希望英国在1986年时离开北爱尔兰。但威尔逊上台后，没有实行这些目标。

到了1974年5月，威氏谴责爱尔兰联合论者策划的阿尔斯太工人罢工是带有宗教性质的，而且“罢工的宗教目的与17世纪拉上了关系”。可是，威尔逊却拒绝派出军队

【牛津历史】

牛津运动(Oxford Movement)是1833年由牛津大学的一些年轻学者和导师发起的一场宗教复兴运动。该运动主张恢复教会昔日的权威和早期的传统，保留罗马天主教的礼仪。

【牛津历史】

因牛津运动的发起者约翰·基布尔(John Keble)、约翰·H·纽曼(John H. Newman)和爱德华·B·皮由兹(Edward B. Pusey)等人发表了一系列论文，为这些主张进行理论说明或论证，故牛津运动也称为“书册运动”(TractarianMovement)，而牛津运动者则被称为“书册派”(Tractarians)。

镇压这些强迫工人罢工、兼带有准军事性质的亲政府分子。不久以后，威尔逊又发表电视演说，指罢工的亲政府分子和他们的支持者都是国家的“寄生虫”，指望国家会供养他们。最终，罢工人士取得了胜利，成功地迫使政府废除北爱尔兰行政长官一职，并促使伊迪·阿敏向威尔逊发电报，表示愿意在乌干达提供举行和谈的场地。

辞职风波

1976年3月16日，威尔逊突然以倦怠为由，宣布自己将会辞去首相一职。在声明中，他指自己一直身心俱疲，原已决定在60岁退休，而早在20世纪60年代末期，威尔逊也已向同僚透露，自己最多只能续任8~9年首相。然而，到了1976年，威氏发现自己患上初期阿尔兹海默病，以往强劲的记忆力和集中力皆急速退化，最终造成威尔逊富于戏剧性的辞职。

威尔逊宣布辞职后，英国女王伊丽莎白二世特意到唐宁街10号参加晚宴，以示感谢他的贡献。除他以外，只有丘吉尔爵士曾获同样的荣誉。

威尔逊辞职的同时，还撰写了一份获勋人士名单，获勋人士除了有他的支持者外，还包括不少商人

和社会名流。然而，名单中的不少获勋人士随后却频频牵涉丑闻。如获男爵衔的卡根勋爵（Lord Kagan），最终因为诈骗罪入狱；而获册封为爵士的艾利克·米勒爵士（Sir Eric Miller），随后因涉嫌贪污被警方调查，最后自杀身亡。该份获勋名单由威尔逊的助手玛莎·威廉斯（Marcia Williams）撰写，初稿写在薰衣草色的笔记纸上，因而被称为“薰衣草名单”（The Lavender List）。整个事件使舆论认为威尔逊有私相授受之嫌，结果对他卸任后的声望构成了深远的打击。

党魁选举在威氏辞职后举行。在第一轮投票中，东尼·贝恩（Tony Benn）、卡拉汉、安东尼·克罗斯兰（Anthony Crosland）、迈克尔·富特（Michael Foot）、丹尼士·希利（Denis Healey）和罗伊·詹金斯（Roy Jenkins）都参与角逐。詹金斯虽然是热门候选人，但在第一轮选举中却屈居第三名。第二轮选举在1976年4月5日举行，卡拉汉以176票击败富特的137票，正式成为威尔逊的继任人，出任首相和工党党魁。

略论

威尔逊十分着重突显自己是“大众的一分子”（a man of people）的形象，从而使他与以往的上流社会出身的政客形成鲜明的对比。在外表上，他操地道的约克郡口音，常常以Gannex牌男装雨衣示人，该牌子则以工人阶级为销售对象。此外，他又爱吸烟斗（在私人场合却抽香烟）和吃简单平凡的菜。值得一提的是，他在吃饭的时候，无论是什么食物，他都总爱蘸很多HP酱。至于体育方面，他则是哈德斯菲尔德足球会的支持者。总而言之，威尔逊第一次当选首相的原因，确定与他朴实的形象有关，因为当时的群众正需要一位带现代气息的领袖，以了结“托利党在过去13年的施政失误”。

尽管威尔逊在第一段任期取得相

【牛津历史】

19世纪初期，由于英国国教在牛津大学处于统治地位，古典学科和神学依然主导着大学的课程内容，大学仍然是在为教会和国家培养统治人才。从19世纪中期开始，随着一系列改革的展开，牛津大学逐步加强了理科教育。

当的成功，但从第二段任期开始，他的支持率却一直陷于低潮。不少人认为，这是因为威尔逊未能成功地使工党现代化；而他后期一直全神专注于政治内斗，更换来了施政的失误。有些人更引申到威尔逊的过失，为20世纪70年代末爆发的“不满足的冬天”埋下了伏笔，最终甚至造就了保守党长达18年的执政。不过，反驳者则指出，因为有威尔逊的恰当管理，才能有效地把工党团结起来，威尔逊下台后，工党才步向分裂。在现实中，诚然，威尔逊下台后，工党内各派系不再和平共处，党内日积月累而成的派系主义更成为工党在20世纪80年代陷于瘫痪的主因。在当时，对大部分的选民来说，他们视戴卓尔夫人主义为唯一对抗乖张的工会的办法。另一方面，在威尔逊辞职20年以后，在尼尔·基诺克、约翰·史密斯和托尼·布莱尔的带领下，工党才得以真正地改革和重生。

晚年

由于威尔逊希望在辞任首相后能够继续成为下议院议员，所以他没有按惯例接受贵族爵位，但接受册封为嘉德勋爵士。1983年，威尔逊正式从下议院退休，随即获晋爵为西约克郡柯尔克利斯（Kirklees）、里沃的威尔逊男爵（Baron Wilson of Rievaulx）。

威尔逊从下议院退休后不久，他的阿尔兹海默症病情明显恶化，精神状态更不断衰退。因此在1985年以后，威尔逊已很少在公众场合露面。1995年5月24日，威尔逊因大肠癌于伦敦病逝，享年79岁。他的遗体随后安葬于西西里岛的圣玛利（St Mary's），其墓碑写有一句话：“时间是万物之主宰。”

牛津小百科

牛津大学不同于其他的大学，城市与大学融为一体，街道就从校园穿过。大学不仅没有校门和围墙，而且连正式招牌也没有。楼房的尖塔在烟雨蒙蒙中若隐若现，高高的石墙上爬满老藤，稀疏的绿叶中绽放着红红的花朵，小城显得古朴素雅。牛津城的建筑古色古香，分属于不同历史年代的不同建筑流派。在牛津街道上散步，不就像回到了历史之中吗?这风情万种的建筑，这云飞浪卷的校园，这几百年积淀的斑斓文化。

第二章　学院制和导师制

牛津大学作为一所学院制大学经历了几百年的发展，孕育了独具特色的办学传统，在世界高等教育中享有极高的声誉。牛津人一直以牛津大学是一所学院制大学而引以为自豪，而学院制和导师制正是牛津大学办学传统中最具特色的地方，也是牛津大学成功之所在。

第一课 独特的学院制

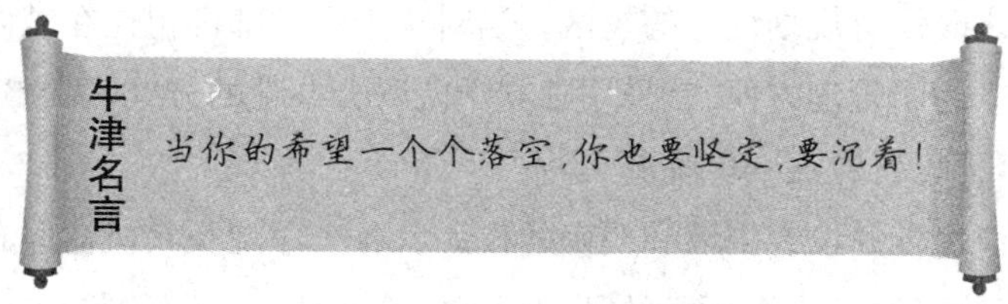

学院制是牛津大学的一个重要特点。这里的学院和国内大学按照专业划分的学院不同，它们不是按专业分割的文学院或理学院，而是有多个专业组成的一个个兼容并蓄的多元社区。

牛津的每个学生在按专业划分的系以外还都会归属于一个学院，在这个学院中住宿、用餐、社交，当然也少不了学习。关键的是，牛津的学院不是按专业分割的，每个学院中都有来自多个不同系的学生，比如学文学和学机械的两个学生可能是宿舍紧挨的邻居，这样他们在日常生活中就自然地进行着跨学科的交流。

学院制的另一个好处是

> **【牛津校训】**
>
> Dominus illuminatio mea（拉丁文），意思是“耶和华是我的亮光”(The Lord is my light)。出自《圣经》中的诗篇第27篇。

更易在小规模社区中形成归属感。牛津是拥有2万多名学生的大学校，而每个学院只有几百名学生。他们虽然来自不同专业，但总体来看一个学院也有自己的特色：有的强调学术，有的重视应用；有的积极活跃，有的安宁静谧。学生可以选择一个与自己气质相契合的学院，也往往更易与学院建立感情。

这种学院制是自然形成的。牛津大学建立的确切时间已不可考，但早在11世纪，牛津这个地方就出现了某种形式的教学活动，后来学者和学生不断增多，逐渐各自汇聚成了不同的学院，并共同组成牛津大学。牛津大学创建之时没有规划统一的校区，当时学生和教师都租住在城内不同地方。后来为了管理方便，就采用独立学院联合办学的方式，逐渐建起了学院，至今仍保持着这一传统。

牛津大学并没有围墙和明确的校区，各个学院及其机构散布于牛津全城。每个学院由人数不等的师生组成一个集体，从事不同学科的教学与科研。

牛津大学最老的学院是默顿学院，建于1264年；最年轻的叫赛德商学院，建于20世纪90年代。两个学院相差整整7个多世纪。汉密尔顿校长说，每所大学都有自己的历史，并在其中形成自己的学院制度。他认为，对于牛津来说，学院制是最好的制度。

在牛津大学，各个学院都自成一体。大多数学院都是由一片片绿油油的草坪与四周环绕的中世纪的土黄色哥特式建筑楼群构成的一座座四方院，有的学院内甚至有河、湖和养鹿场。但是，就像先贤所言：大学之大不在大楼，而在大师。

学院制的由来

牛津大学学院制的发展经历了初创、形成、确立和改革、继承和创新四个时期。创办学院的初衷体现在两个方面：一是培养人才，二是营造一个精神家园。令创办者无法想到的是，他们起初的动机是成就牛津大学成为世界一流大学的动因，因为学院制是牛津大学走向繁荣发展的最重要条件。

【学校特色】

目前，牛津大学共有39个学院，它们和学校的关系就像美国中央政府与地方政府的关系那样采用联邦制形式。每一所学院都由Head of House和几个Fellows管理，他们都是各种学术领域的专家，其中大多数在学校都有职位。

学院制的初创时期

13世纪至15世纪是牛津大学学院制的初创时期。牛津大学学院制最初的雏形，源自寄宿舍或客栈的生活方式。当时，早期的学生们来牛津城求学，都住在从牛津市民那里租赁的房屋或客栈里，共同分担租金和打扫管理房间，形成了一种友善的传统。寄宿舍在牛津大学被称为“hall”，而在剑桥大学则称为“hostel”。有时也笼统地称为“house”。一个寄宿舍实际上就是一幢中世纪风格的建筑房屋，屋内通常都有一个带壁炉的大厅(hall)。由于中世纪的师生学习和生活在里面，这类房屋被称之为“寄宿舍”，也有人称之为“学堂”。即使在现今，牛津大学仍有6所学院沿用“hall”的名称，即私人永久学堂，例如玛格丽特夫人学堂。在牛津大学其他学院，“hall”是学生的餐厅，一端摆放有高桌，供院士使用。

当时，家境富裕的学生可以自己住单间宿舍，而家境贫寒的学生只能住在狭小的阁楼上。但是，共同的生活以及同用一张餐桌是早期这种生活方式的组成部分。不少学生难以维系自己的求学生活，只有靠接受某个捐赠人的资助才能继续自己的学业。很多才华横溢的学生都是通过修道院院长或上层人士的赞助而完成自己学业

的。那种为贫困生提供有保障的基本食宿的想法就是创建学院制的主要动机。有资料表明，大约在1313年，牛津大学记录在案的寄宿舍有123个；到15世纪上半叶，寄宿舍的数量是70个左右；到15世纪下半叶，则变成约50个；而到1530年时，只剩下8个。寄宿舍减少的原因是多方面的：一是学生经济状况的变化；二是学生流动的变化；三是学院的创立，即许多小的寄宿舍被学院合并了。从总体上说，这种合并或集中化的过程有利于学院的发展或学院制大学的形成。例如，15世纪末以前，牛津大学默顿学院就拥有一些围绕在其周围的学生寄宿舍，包括圣约翰(St. John's)、圣阿尔邦(st. Alban)、科利谢尔(Colishalle)、奈特(Knyght)、奈恩学堂(Nunn Hall)等。

牛津大学初期的学院主要是在13世纪至15世纪建立的。巴利奥尔学院、默顿学院和大学学院是牛津大学最早建立的学院。它们之间之所以分不出孰前孰后，主要是因为作为学院正式创建日期的标准不同。这3所学院的校舍竣工日期、捐赠者捐款的日期以及学院院规正式颁布的日期均不相同。如果仅取其中一个因素作为标准，3所学院中任何一所都可以称

为牛津最早创建的学院。

现以大学学院的创建为例，从中可以了解牛津大学初期学院的创建目的、过程、组织、功能以及成员构成情况。

1243年之前，白金汉郡有一位叫艾伦·巴西特(Alan Basset)的农庄主把钱留给两名教士，让他们为自己的灵魂祈祷，而这两名教士当时正在牛津城的学校里读书。其实，巴西特所关心的并不是学生的教育，而是在自己离开人世后有人能够为自己祈祷，以求得灵魂的安稳。几年后，大主教达勒姆的威廉的捐赠则是完全明确用于教育目的，而且捐款数额很大。达勒姆原是韦尔茅斯修道院院长，后来担任了达勒姆教区的副主教以及鲁昂的大主教，留下了一大笔遗产。他把钱捐给牛津大学的主要目的是用来支持学生的学业。牛津大学校方起初并没有按照他的遗愿行事，而是用部分捐款在牛津城买了几间房子供当地官员使用，因为校方认为这样做可以带来更多的收益。他们先在圣·玛丽教堂附近买了两间，之后又将位于高街北部德罗伊达的威廉(William of Drogheda)的老宅以及高街南部的两间房子买下。在中世纪时期的牛津城，房产是很值钱的。至于余下部分的捐款，大学在使用时很随意，居然贷款给学生，甚至是政客。1280年，人们发现贷出的部分款项已难以收回，于是大学成立了一个教师委员会，专门调查达勒姆的威廉捐赠资金的使用情况，同时还承担了制订管理规章制度的使命。因此，不少学者将1280年规章制度的出台视为大学学院正式成立的标志。

大学学院对牛津大学而言具有特殊的意义，即创建大学学院就是创建了学院制的牛津大学。在这个意义上，大学学院在牛津大学中的作用是独一无二的。一般而言，早期学院的概念是指生活在同一个屋檐下、共同遵守自己制订的规则、分享共同捐赠并且不受大学干预的一个学者群体。学院建筑最初是按照修道院的模式设计建造的，在

【学校特色】

牛津大学有6个准学院（称为“永久性私人学堂”Permanent Private Halls，为各宗教教派所办），至今还保留着它们的宗教特许状。此外还有一个继续教育学院。

很多方面类似于中世纪英格兰的庄园建筑，通常由宿舍、教室、厨房、图书馆、礼拜堂、钟楼、回廊和花园等组成。入住学院的成员被称为“院士”或“学者”，两者可以互用。学院为他们提供免费的食宿，有时甚至还提供衣物。院士可以定期从学院领取一定数量的津贴。牛津大学对学院拥有很大的监督权，必要时可以开除院士或中止给院士提供津贴。1292年和1311年，大学学院先后颁布了更详细的学院院规，其内容涉及学院的财产管理、账目审计、物品登记、债务偿付以及开支控制等。大学学院最初有4名院士，主要攻读神学，课程学习内容为教皇的教令集等。由于大学学院与修道院关系密切，学院成员的生活和品德修行与教士相差无几。大学学院建有图书馆，并制定了外借图书的规定。学院的常用语言是拉丁文。院士之间相互尊重，礼貌相待，禁止斗殴及恶语相加，而有关情爱的靡靡之音、传说和寓言也是禁止的。如果有谁背后说别人的坏话也会被罚款，甚至被示众。后来颁布的院规还规定，大学学院的管理必须得到尊重。大学学院不久就获得了自治，几年后取得了自己的玺印。直到1336年或晚些时候，大学学院在高街的南侧找到了自己永久的住地，以往简陋的木质房舍和茅草搭成的屋顶变成了庄重的方庭。

由此可以看出，寄宿舍和学院之间的差别还是非常明显的。首先，学院拥有自己的房产和地产。学院的建筑和土地都是由一个捐赠者出资买下来，然后永久性地捐赠给学院。而寄宿舍是教师和学生个人从牛津城市民手中租借的房屋，学生需缴纳一切费用。其次，学院是一个独立的自治组织，有教会或王权颁发的特许证，具有法人的地位，有自己的院规和管理机构，实行民主管理。而寄宿舍只是一个松散的组织，其舍长(principal)是由大学任命的，负责对住宿的学生进行监督管理，没有任何自主权。总之，创建学院的目的与寄宿舍不同。寄宿舍是牛津大学为使学生避免与牛津城市民发生冲突而将学生集中管理的一种方式，其

【学校特色】

在牛津大学35个学院中，众灵学院目前没有学生，只有院士(包括访问院士)。各学院规模不等，但都在500人以下，学生、教师(院士)来自不同的专业学科。

约束力比学院要小得多。

【学校特色】

除学院外，牛津大学的教学和研究活动，主要由学部来组织，学部不是大学内的自治单位，它们都是跨学院的机构，不附属于任何一个学院，不过各学部的教师和学生，首先必须是牛津大学内某一学院的一员。

14世纪，牛津大学又先后创办了埃克塞特学院、奥里尔学院、女王学院和新学院。进入15世纪后，牛津大学又有了林肯学院、众灵学院和莫德林学院。

从牛津大学初期学院的建立来看，学院的成立是历史发展的必然产物，是当时社会政治、经济和文化的客观要求。教会、王权和其他经济领域需要大量的神职人员、行政人员和专业人士为他们提供相关的服务，而当时一个个松散的学者团体根本不能满足这些需求。于是，一些社会上层人士，主要是神职人员，有王室和达官显贵，纷纷出资购置房产和土地或租用房舍，将学者或院士纳入其规划之中。他们挑选院长或自己亲自担任院长，制定学院发展的规划和院规。初期学院基本上分为两种类型：一种是修道院式的，另一种是世俗式的。学院的发展与外界的资助或“输血”密切相关。

起初，学生进入学院的条件是必须具备学士学位以上学历，这是因为在学院中要进行“研究”，为今后攻读高级学位做准备。因此，学院的学生基本上拥有学士、硕士和博士学位。他们攻读的课程主要是神学；也有攻读法律的，如民法和教会法，但人数并不多；攻读医科的则更少，主要原因是师资缺乏。不少学院都培养出一些出色人才，毕业后在教会担任重要职务。初期的学院与牛津大学的关系并不十分紧密，学院培养人才的模式还主要是以讲座为主，并辅以严格的院规加以约束。在初期学院的创办过程中，其重点是制定学院自

己的院规。当然，学院的发展与英国社会的历史进程紧密相关，学院的兴衰在很大程度上与历史上一个个事件和人物有着密切的联系。这些联系可以归之为学院与教皇、教会、王权、城市以及学院内部之间的关系，烦琐而庞杂，要想彻底梳理清楚绝非易事。学院制是牛津大学建校之根本，其导师制和寄宿制就是在这个基础上发展而来的。初期的学院已经为牛津大学的发展奠定了基础。

学院制的形成时期

16世纪是学院制的形成期。在这一时期，英国的宗教改革对牛津大学产生了很大影响。牛津大学卷入了王权与罗马教廷以及议会斗争的旋涡之中，处境艰难。都铎王朝和斯图亚特王朝频频对大学发号施令、巡视、颁布院规以及设立钦定教授职位等，甚至直接出资筹建新的学院，其目的就是要控制大学，确保国教在大学的主导地位，迫使大学服从王权的旨意，为王权统治服务。

1564年至1565年，伊丽莎白一世先后两次巡视牛津大学，并颁布《伊丽莎白法令》，为牛津大学的师生规定了必读书目、辩论方式以及获得学位的条件等。在随后的几年里，牛津大学又出台了其他一些重要法令，涉及评议会、全体教师的投票制度、学监的选举权力、学生的着装和行为、结业资格、讲座、论辩以及奉持的职责等方面。1565年出台的法令建立了大学所有成员注册簿制度，将所有成员归属学院院长管辖，所有学生都必须置于某个学院或学堂的教师或导师的管理之下。随着学院地位的加强，学院院长的寡头统治也在牛津大学里大行其道。1571年，伊丽莎白一世又颁布了《伊丽莎白章程》，正式赋予牛津大学法人组织地位。这标志着大学从一个极为松散的组织开始向由众多学院组成的学院制联盟大学过渡。这个章程还规定，只有各学院的院长才能代表和领导大学，这使得大学失去了以往的教学管理职责。

【学校特色】

牛津大学现有16个学部：人类学和地理学学部，生物科学学部，临床医学学部，英语和文学学部，法学学部，经典、哲学和古代历史学部，数学学部，中世纪和现代语言学部，现代历史学部，音乐学部，东方学学部，物理科学学部，生理科学学部，心理学学部，社会学学部，神学学部。文科学部下一般不再分系，理科学部下又分成30多个系，有的学部还设一些中心和研究所。

宗教改革之后，文艺复兴在英国才成为一个颇具影响和被广泛接受的运动。文艺复兴也为牛津大学带来了不少变化，其中之一就是大学入学率显著增加，上大学在当时几乎成为一种时尚，在之后几十年里人们争先恐后地往大学里挤。此时，人们入大学的目的并不是因为“职业化”，而是为了去接受像一位“绅士”那样“会优雅交际的”教育。而独特的学院体制恰好成为人们实现这一目的的手段。

16世纪，牛津大学的学院开始大规模合并寄宿舍。随后又建立了布雷齐诺斯学院、基督教堂学院、基督圣体学院、耶稣学院、圣约翰学院和三一学院。17世纪，牛津大学又增加了彭布罗克学院和沃德姆学院。伴随着英国国内政治、经济、社会和宗教的变化，这一时期创建的学院都体现了社会时代的特征和变革的轨迹。尽管每所学院的传统因学院的捐赠者、赞助人、提供者(无论是宗教界的还是世俗界的)甚至王权的意愿而有所不同，但所有学院的总目标却是一致的，即实行仁慈化的管理以及接受传统科目的教育。

学院的兴起给中世纪牛津大学带来的变化是显而易见的。首先，学院改变了大学的组织机构。以往，牛津大学是由学部、同乡会、学院和寄宿舍组成的，这些机构基本上是同一级的，有时相互穿插，但没有上下级的关系。大学的日常管理则是由一个副校长和两个学监负责。牛津大学的立法权威归属于三个大会，分别是黑衣大会、少数教职员大会和全体教职员大会，而这时学院是从属于大学的。但随着学院数量的增加和地位的提高，特别是《伊丽莎白章程》的颁布，大学逐步演变成为由各个独立学院组成的联盟，学院实际上成为大学的管理者和领导者。其次，学院改变了大学原来的教学管理。1570年后，以往大学各学部开设的讲座逐步被学院的导师、任课教师与教授所采取的既管理又教学的模式所取代。教学活动的中心由此逐渐转移到各个学院，学院完全取代大学而掌握了管理教学的权利。至此，注重本科生教育、以教学为中心逐渐发展成为牛津大学的一种教育传统。第三，学院改变了学生的生活。学院的院规使得学生“不仅形成了有关知识、方法和学术生活等其他方面的标准，而且还有社交技能和行为方式的规范。这些院规的功能在于帮助整个团体处理好成员之间的关系，同时也处理好与之相比特权较少的外部世界的关系”。学院的兴起使得中世纪牛津大学学生以往那种放荡不羁的行为得以约束，与牛津城市民之间的冲突大大减少。法国社会学家和教育家涂尔干(Emile Durkheim，1858—1917) 就指出：“学院的直接功能在于为学生们提供道德上与物质上的庇护……对于那些最年幼的孩子而言，学院创造出的道德环境甚至可以取代家庭的教育环境。”

学院制的确立和改革期

17世纪至19世纪是学院制大学的确立和改革时期。1630年至1641年，

坎特伯雷大主教威廉·劳德担任牛津大学的校长。尽管在伊丽莎白一世统治时期，牛津大学颁布了一些法令，大学和学院的管理有了起色，但劳德发现，各个学院还是各自为政，制定的院规五花八门，管理标准不一，整个大学生活秩序处于混乱状态。为此，在查理一世的授意下，劳德主持起草新校规，历时8年(1629—1636)完成。1636年6月22日，牛津大学正式颁布了第一部完整的校规，即《劳德规约》，共21条和一个附录。该规约基本上保留了各学院最初制定院规的内容，删除了那些相互矛盾、长期不用以及不合时宜的规章制度。《劳德规约》颁布的意义在于，它将以往约定俗成的院规以法令的形式确立下来，使学院院长掌控了大学的主导权。因此，《劳德规约》的颁布标志着牛津大学学院制的确立，以及牛津大学作为一所学院制大学的形成。

尽管19世纪以后牛津大学内部管理也进行了一系列改革，但《劳德规约》所制定的大学和学院之间的权力分配和管理模式基本上都传承下来，成为牛津大学这所学院制大学的传统。在学院里，牛津人始终以本科生为教学中心，以自由教育思想为理念，以寄宿制为管理模式，以导师制为教学模式，培养了一批又一批政界和教会的精英，这成为牛津大学最具特色的一个方面。

18世纪至19世纪时期，牛津大学又先后创办了10所学院，分别是伍斯特学院、赫特福德学院、哈利斯·曼彻斯特学院、基布尔学院、玛格丽特夫人学堂、曼斯菲尔德学院、圣安妮学院、圣希尔达学院、圣体学院和萨默维尔学院。然而令人不解的是，牛津大学却在这一时期衰败落伍了，突出表现在入学人数减少、大学管理陈腐以及科学研究被忽视等方面。在招生人数上，整个18世纪，牛津大学平均每年只有250名学生入学。究其原因，主要在于

【学校机构】

牛津大学由一个中央学校(包括校和系图书馆，以及科学实验室)、38个学院以及7个永久私人公寓 (Permanent Private Halls，PPHs)组成。这些学院并不只是宿舍，而是实质上负责本科生和研究生的教学。有些学院只接受研究生，这些通常都是近一个世纪建立的新学院，例如Wolfson College。而有一个学院根本就不招收学生，那就是All Souls College。

> **【学校机构】**
>
> 牛津的学院系统产生于大学诞生之时，并逐渐成为牛津市独立机构的集合体。与大多数其他大学的组织结构相似，牛津大学又根据专业分为不同的系。系通常在研究生教学中扮演主要角色，提供讲座、课程以及组织考试。系也通常是被外部机构包括大型研究委员会资助的研究中心。

非国教人士被剥夺了进入牛津大学学习的机会，学费上涨导致贫穷学生难以跨入大学门槛，大学开设的古典课程难以为平民阶层子弟提供未来谋生的手段。在大学管理上，由于《劳德规约》将大学的主导权交给了各学院院长，大学管理出现了一盘散沙、自行其是的局面；院士过着养尊处优的生活，学院和院士职位成了他们的养老院和养老金的来源；导师承担着最重的教学工作，却没有得到应有的回报；很多学生来自贵族和休闲阶层，到大学只是来混文凭的，根本就不想读书，他们自由涣散，再加上学院的放任，破坏了大学的风气。

在这种情况下，英国议会于1850年成立了第一个皇家调查委员会，针对大学和学院的状况、纪律、学科以及财政收入等进行调查。1854年，英国议会通过了《1854年大学改革法》。在学院与大学的关系上，该法案规定，允许学院用自己的收入建设新的校舍或分学堂，但大学有权为这些新的私立学堂制定法令和条例。实际上，当时许多大学改革人士认为，这些私立学堂是为那些贫困学生设立的。学院可以获得授权修改院规以及有关院士职位和补贴的条件。如果学院无法为此行使自己的权力，大学就可以介入并制定相关法令。关于院士的资格及院士名额方面，该法案规定，院士必须住在校内，且必须是导师、大学官员、教区的教士或拥有学科文凭的人。学院半数院士职位将公开招聘，取消了本科生院士职位，只有部分学科的院士职位仍然被保留。但是，学院

可以将四分之一的院士职位分给平民学者。

《1854年大学改革法》颁布后，牛津大学的生活开始发生静悄悄的变化。以往主导大学和学院的寡头垄断地位逐步消失，大学和学院的两级制管理真正成为现实。教授制得以重新组合和加强，并在一定程度上得到学院基金的扶持。大学的学术生活为自由竞争营造了氛围。既得利益和过时的规定以及妨碍性的限制都被取消，学院的经费也得到了广泛应用。一些学院，如埃克塞特学院、女王学院、林肯学院以及基督圣体学院等，都抓住这次改革机会修改了各自的院规，并获得了皇家调查委员会的支持。但是尽管如此，有些规定是学院不愿接受的。例如，旧的院规必须废止、古老的宣誓必须取消等。

《1854年大学改革法》中一些有关学院的规定是有针对性，而且一些义务也是学院以往认为难以接受的。例如，要求众灵学院设立现代史和国际法教授职位；剥夺坎特伯雷大主教制定法令的权力；莫德林学院必须将其部分财富和10名院士职位交给大学处理，保留4个新的韦恩弗里特教授职位，即道德和形而上学教授、化学教授、矿物学教授以及自然地理学教授职位；院长的权力也受到限制，失去了否决学院会议决议的权力；等等。尽管不少学院认为改革侵犯了学院自古以来所拥有的自治权利，然而，一位思想敏锐的法官在1868年曾指出，大学改革法使得牛津大学在校风和教学质量方面与过去的300年相比取得了长足的进步。

学院制的继承和创新期

进入20世纪后，牛津大学的学院制进入继承和创新发展时期。随着时代的发展和社会的进步，学院制传统面临着新的机遇和挑战。从1878年到2008年，牛津大学又先后建立了6所女子学院和8所研究生学院。与此同时，牛津大学还没立了6所永久性私立学堂，分别是黑衣修士学堂、坎皮恩学堂、摄政公园学院、圣贝内

【研究领域】

牛津大学的研究力量雄厚，在其教师队伍中，就有83位皇家学会会员、125位英国科学院院士。在数学、计算机科学、物理、生物学、医学等领域，它都名列英国乃至世界前茅。

学堂、圣斯蒂芬学堂(St. Stephen's House,1876)和维克利夫学堂。在这一创建过程中,学院制传统得到了传承和革新,体现了时代特征和社会发展的需求。尽管这些学院建立的动机各异,但其创建的模式则与牛津大学已建学院创办的模式相同,即由捐助者自愿捐款并且以牛津大学传统的学院模式为蓝本。例如,纳菲尔德学院是由企业家捐赠兴建的;圣安东尼学院是由国外人士资助建立的。而为招收女生建立的凯瑟琳学院、为招收研究生以及解决部分教师在学院的地位而设立的学院和为整合研究生学科专业、打造一流的研究生教育而于2008年成立的格林坦普莱顿学院,则体现了顺应时代发展和满足社会需求的革新。在过去的100多年里,正是通过这些学院,接纳了不同来源的学生,开拓了新的学术研究领域,并将学院制传统传承下来。新的学院的捐助者已不仅仅是英国国内的人士,而且还有来自海外的人士和机构,这使得牛津大学的一些学院在人员聘任和课程设置方面踏上了国际化的征程。

与此同时,学院的内部改革在一些领域也取得了进展。例如,有关富裕学院与贫穷学院之间收入再分配以及制定管理学院账目的条例获得了全校教职员大会的批准。这一改革确立了学院之间相互帮助的机制,使得每所学院都能得到健康发展。然而,无论怎样改革,学院在大学里的地位坚如磐石。学院仍然是一个独立的自治组织,拥有自己的管理机构,是院士主导的天下。在牛津人看来,维护学院自治是牛津大学的最大利益。正如凯瑟琳学院的创办人艾伦·布洛克所言,牛津大学的学院制传统优势应该适应现代环境状况,以现代的材料建造一座中世纪学院建筑。这正反映了牛津大学学院制发展的一种趋势。

学院制的特征

牛津大学的学院制传统包括学院自治、寄宿制和导师制。如果将学院的自治权取消，把学院变成宿舍，以及用全校的讲座来取代导师制，那么牛津大学就不是传统的学院制大学了。任何事物都有两面性，都是矛盾的结合体，学院制也不例外。学院既要继承和保护传统，又要适应时代和改革创新。现今，牛津大学的学院制所面临的挑战在于处理这样几个平衡的关系：文科与理科之间、公学的学生与公立学校学生之间、学院之间以及大学四方庭院与工商企业界之间的关系。从目前的情况来看，牛津大学很好地处理了这几种关系，使古老的学院制在新的世纪又焕发出新的活力。

牛津大学的学院制与大学的兴起紧密相连，经历初创（学者自治行会）、形成（以《伊丽莎白章程》为标志）、确立和改革（以《劳德规约》和1854年《牛津大学改革法案》为标志）与继承和创新发展（以创立凯瑟琳学院为标志）四个阶段，历经几百年，逐步形成了一些鲜明的与众不同的特征。

联邦式结构的核心

《牛津大学章程和规章》(University Statutes and Regulations)明确规定，牛津大学是一个独立的和自治的机构，由大学和学院两部分组成。其38所学院构成大学的核心，但又是相对独立和自治的机构，它们以联邦体制的形式联合在一起，与美国的国体不无相似之处。每所学院都是根据英国枢密院(Privy Council)批准的特许证而建立的。

牛津大学的最高权力机构是全校教职员大会，负责大学的立法工作。该机构由4100名大学教师，高级研究员，图书馆、博物馆和管理人员构成。

【研究领域】

近些年来，牛津大学不仅在文科而且在理科、不仅在基础科学而且在应用科学研究中都取得了举世瞩目的成就。在生物医学领域，自从弗雷明在伦敦发现青霉素后，20世纪40年代牛津的科学家弗罗里和蔡恩就将它投入临床应用，结果三人共享诺贝尔奖。

其次是校务管理委员会，负责大学的学术政策和战略方向的制定。该委员会由26名成员组成，委员分别来自教师、学院和校外代表。校务管理委员会通过5个下设委员会来运作。这5个委员会分别是计划和资源分配委员会、总务委员会、教育政策和标准委员会、人事委员会以及一个负责财务、审计、健康和投资的委员会。

牛津大学设立校长(chancellor)1名，为大学名义首脑，主持大学所有的重大仪式，校长由所有牛津毕业生组成的大学评议会(Convocation)选出；副校长1名(vice-chancellor)，任职4年，可延期2年，最多7年，是大学最高行政官员，经校务管理委员会推选，由全校教职员大会批准；副校长助理5名(pro-vice-chancellors)，分别负责发展与校外事务、教育和教学服务设施以及大学图书馆、人事与平等、规划与资源以及科研等。

牛津大学负责所有学生的教学工作，制订各学院的教学大纲和内容，组织课堂教学、讲座和研讨会，为教学提供图书馆、实验室、博物馆以及计算机设备等教学资源，招收和指导研究生，审查论文，出题和批阅试卷，以及授予学位等。

牛津大学的38所学院和6所永久性私立学堂都是这所学院制大学的组成部分，也是独立的自治学术共同体。每个学院和学堂都有自己的院规和堂规，设有自我管理机构，由一个院长和若干个院士组成，负责管理学院的行政、教学、科研、创收、学生管理、校

舍、图书馆、礼拜堂以及其他教学设施。在牛津大学的学院中,32所学院和全部6所学堂既招收本科生又招收研究生。其他6所学院只招收研究生。另外,众灵学院只有院士,而凯洛格学院负责继续教育和专业教育。

学院的收入主要来自捐助和学费,独立核算,自负盈亏。在牛津大学,学院的财政状况一直都比较稳定,且常常比大学要好。正因为如此,学院受政府的干预少,抵御风险的能力强,与大学也有讨价还价的资本。可以这样说,学院要维护自己的地位,就必须控制住它们获得的捐赠收入。如果这些捐赠收入都被大学收走了，那么牛津大学的学院制也就消亡了。因此，学院控制了自己的财政资源就是学院自治最具体的体现。当然，由于每个学院的发展不平衡,难免有贫富差别,从而造成它们的教学质量和生活环境的不同,这也是学院制所面临的挑战。如果接受大学的补贴或政府的资助,势必就会影响学院自己的独立性和自治权力,因此,每个学院都在想方设法从私人那里筹款以获得所需要的资金。而大学的收入主要来自校外科研经费、政府拨款、学费以及经营和投资性收入。在收支方面,大学往往入不敷出。例如,2008至2009学年,牛津大学的总收入是8.624亿英镑,而支出是8.668亿英镑,财政压力很大。为此,大学解决的办法之一是向社会筹款。牛津大学先后发起了三次筹款运动,最近的一次是2008年。

为了维护共同的利益和实现共同的目标，牛津大学各个学院和学堂还成立了学院层面的治理机构即学院联合会。学院联合会下设常务委员会、招生委员会、院内会计委员会、地产会计委员会、研究生委员会、院信息交流技术委员会、法律委员会、学院图书馆委员会以及高级导师委员会等。学院联合会及所辖分委员会有两个功能:第一,学院联合会使得学院能够共同应对面临的问题,具体包括信息和经验交流以及共同寻求专家咨询或服务;第二,学院联合会在大学共同体里为学

【研究领域】

今天用得最广的抗生素,1955年为牛津大学的爱德华·阿布拉罕发现。牛津大学也致力于将分子生物学应用于临床,将核磁共振原理应用于医疗诊断,在发现人体的免疫力系统和应用基因工程技术于临床问题方面,牛津大学亦起领导作用。

院利益共同发声。在学院联合会下，学院对一些关键问题展开辩论并采取一致行动；同时，提出共同的想法和政策并做出决断。这样能使学院的共同立场被广泛传播，从而影响大学的决策过程。然而，学院制的核心地位和学院的高度自治，也使得牛津大学的大学层面管理越来越难以适应外部的挑战。2005年3月，牛津大学发表了《牛津大学治理结构绿皮书》(Oxford's Governance Structure：AGreen Paper)，试图取消学院联合会，限制学院的权利和影响力，提高整个学校的运作效率，改革各学院各自为政、各行其是的局面，但这项改革受到了强烈反对，最后大学不得不妥协。

当然，在牛津大学，大学和学院的很多职能并不是泾渭分明的。实际上，它们之间的很多工作都是交叉的，常常是你中有我、我中有你。绝大部分学院都设有大学的相同学科，大学的整个教学和科研活动也是围绕各学部和学院相互交叉而展开的。尽管学院在牛津大学享有很高的自治地位，但它必须遵守大学的章程和条例，这是联邦制管理方式使然。

牛津小百科

牛津是古老悠久的。这从斑驳的墙面和中世纪的建筑可见端倪。牛津最早是一所教堂。据说是一女子为感谢上帝医好她丈夫的病，感恩而建造。然后由此衍变成世界著名的学府。牛津两字最早见于公元10世纪，而最新的建筑也已是17世纪的。一个个城堡样的拜占庭建筑，黄中带灰的墙面，是厚重的积淀，也是岁月沧桑的见证。

第二课　被世人所传颂的导师制

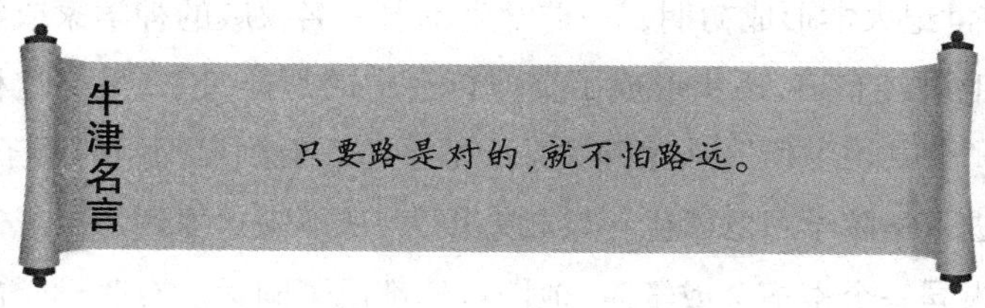

牛津大学的导师制一直被世人所传颂和推崇。因为通过这种教学方式培养出来的人才具有其独特的优势，受到社会各界的高度认可，所以，导师制已成为牛津大学人才培养的传统之一。英国教育史学家、伦敦大学教授奥尔德里奇(Richard Aldrich)就指出："导师制成了牛津和剑桥的永恒特色。"然而，要真正模仿它却非易事，这主要是因为牛津大学的导师制所依据的平台或环境——学院制是独特的。除外，实行导师制还需要有一个知识渊博、学术造诣深厚、品德高尚、充满爱心和具有

敬业精神的学者群体以及雄厚的经费支持。

导师制的由来

牛津大学的导师制是从学院制发展而来的。伴随着学院制的发展历程，导师制经历了初创、确立、改革和挑战四个时期。导师制建立的初衷体现在两个方面：一是监管学生，二是辅导学生的学业。随着时代的变迁和大学的发展，导师制的内涵和形式得到了不断调整和充实，最终成为一种备受世人推崇的教学模式。

初创时期

在中世纪大学形成初期，一群学生围着一名权威的神学家或经院哲学家，听他讲经布道，逐步形成了类似行会中的师徒关系，最终这种关系发展成为“公共讲习所”。从这种关系中似乎可以看到导师制的影子。中世纪时期，进入学院学习的学生年龄相差很大，从不满14岁到20岁或30岁不等，但进入同一个寄宿舍或学院，他们自然都成了同学。有些学院的学生人数较多，院长们管不过来，于是就让学院里有资历的成员承担学生的学习指导并监督他们的行为。这是学院制理念自然发展的结果。

在牛津大学初期，人们可以找到导师制的发端。例如，作为最早学院之一的默顿学院的院规规定，必须专门安排一名文法或拉丁文教师负责解答本学院学生提出的有关文法或拉丁文学习方面的问题。在女王学院，贫困学生由学院指定的教师给他们讲授文法和逻辑。新学院则为学院所有的年轻学生选派学习指导教师，其报酬从学院基金中支出。莫德林学院的院长威廉·韦恩弗里特以新学院为榜样，建立了定期的指导制 (regular system of instruction)。但是，对于牛津大学初期的学院来说，早期的导师并非严格意义上的教师，而是作为监护人负责监督学生的行为和经费开销。15世纪，莫德林学院招收了20名自费生，这些学生

> **【研究领域】**
>
> 牛津大学在艾滋病毒、移植手术和遗传病研究等方面也很有潜力。1987年，斯奎波父子公司赠予该校药学系2000万英镑，以支持他们的研究工作。

都是贵族和乡绅的子弟，学院指派监护人关心和指导他们。到1547年时，学院又增加了这些监护人的职责，即指导学生字要写得漂亮，行为举止要优雅，特别强调要管好他们的开销用度。这样，学院逐步把生活上关心学生和学业上教育学生看成是教师必须承担的同等重要的两项工作。在布雷齐诺斯学院，学生有导师监管其开销用度并负责支付他们的罚金。在三一学院和耶稣学院，自费生都有指派给他们的导师。在圣约翰学院，自费生、唱诗班歌手和资助生也配有导师。1565年的《伊丽莎白法令》规定，住在学院以外的学生必须归属某个学院并住进学院和学堂，以便接受导师的监管。于是，学院的导师又多了一项工作，即负责监督学生遵守宗教宣誓和考试法令。当时，学院教师的数量增加了，导师的教育职能也在增加，但他们的主要职责还是作为学生的监护人。

【研究领域】

在环境科学领域，牛津的研究涉及森林史、气候变化、遥感、土地利用、野生动物保护、家畜管理、污染、腐蚀、沙漠侵犯等众多课题。

确立时期

17世纪，导师制得到了发展。《劳德规约》首次将导师制确认为牛津大学体制不可分割的一部分。该规约规定，所有的学生都必须配备导师，并且担任导师的候选人必须是具有良好品质、广博学问和宗教信仰的教师；聘任导师须由院长或大学校长批准。导师需教导学生遵教规守戒律，规范其衣着，监管其行为。1630年到1641年，时任牛津大学校长的大主教威廉·劳德曾批评当时的学院导师不能尽职尽责，对学生的学习、行为和纪律管教不严。奥利弗·克伦威尔在担任大学校长期间，对牛津大学整个体制进行了改革，并规定学生每日的祈祷也由导师负责。在斯图亚特王朝复辟后期，尽管学院对导师的管理有些放松，但涌现出的优秀导师还是不少。这些导师受到了社会和家长的欢迎，为大学赢得了声誉。

从17世纪末到18世纪，牛津大学的学院导师主要承担两项职能：一是监护人，二是教育顾问。他既要对学院负责，又要对学生家长负责，其工作好坏直接影响到学院的声誉和招生人数。因此,导师的作用和影响力越来越大,越来越受到人们的青睐和关注。在英国资产阶级“光荣革命”期间(1688—1689),新学院的院士、圣埃德蒙德学堂的院长斯蒂芬·彭顿(Stephen Penton)发表了一本题为《监护人的指导或绅士的浪漫》(The Guardian's Instruction or the Gentleman'sRomarlce)的小册子。在这本小册子里,他以自己儿子的亲身经历对牛津大学的导师制大加赞赏。年轻时期的文学家塞缪尔·约翰逊(Samuel Johnson)桀骜不驯,但最终被他的导师威廉·乔登(William Jorden)的慈爱所感动,潜心学业,最终成为一代文豪。当时,有些导师一边监护学生,一边潜心钻研学问,在学识方面甚至超过了学院的院士。

1715年,时任牛津大学教务长普里多(HumphreyPrideaux)向英国国务大臣建议:导师制应该在更加具体的规则下组织实施;所有的导师都应该由学院院长和高级教师任命,并在宣誓后由副校长颁发许可证;导师应该为学生定期开设讲座,并在礼拜日为学生讲解《三十九条信纲》等。他还认为,与辛勤耕耘的导师相比,不少学院的院士生活懒散、疏于学问,如果放任这种状况发展下去,将对大学和学院的发展极为不利。因此,必须对这

些院士加以处罚或革职。这种忙闲不均的状况,实际上为19世纪牛津大学导师制的改革埋下了伏笔。

改革时期

19世纪,牛津大学面临着来自外部和内部的诸多压力和挑战。此时,学院的导师地位有了很大提高,但承担的教学任务也越来越重。为此,一些院士也开始兼任导师工作,这在以往是不可想象的。为了维护共同的利益,导师们还成立了导师协会(Tutor's Association)。实际上,在19世纪牛津大学的改革中,从大学内部来说,来自导师群体的呼声最高。导师们所关注的是《劳德规约》的修订、大学规模的扩大以及教授职位的设置对他们的影响。同时,他们对学院院长的寡头统治极为不满。

1850年,英国议会成立的第一个皇家调查委员会在对牛津大学内部管理展开调查的过程中发现,牛津大学的导师承担了大量的工作,而教授们却做得远远不够。然而,考虑到当时欧洲大陆一些大学的改革趋势,究竟是保留教授制还是导师制,在牛津大学内部分成了两派。实际上,这是导师制生死存亡的关键时期。最终,导师制和教授制都保留下来,只是两者的职责被重新划分。教授主要负责科研,导师则承担起本科生的教学指导工作,大学的教学工作则由讲师或高级讲师来完成。这样,教学中心又从学院回归到大学手中。《1854年大学改革法》实施的直接结果是,学院在大学的垄断地位更加坚固,导师群体成为全校教职员大会中权力最大的群体,多数学院院长甚至部分教授都站在导师一边。导师制在牛津大学得到空前的

巩固和发展,成为导师制发展的一个里程碑。由于创建了一对一或一对二的导师制,到19世纪末,牛津大学已成为世界上最优秀的教学型大学。牛津大学的环境既轻松和谐又不失活跃,几乎看不出一丁点学术气氛,但它培养的学生一走出校门,就成为政府部门中的精英。

挑战时期

进入20世纪,尽管牛津大学导师制的基本模式没有改变,但也发生了一些新的变革。以往本科生的录取是由学院院长或一个学院委员会负责的,本科生入学的标准主要是看学生的品格和兴趣,即以“一个全面的人”的标准来衡量的。第二次世界大战后,导师开始参与本科生的录取过程,尽管所有的人都宣称,品格和兴趣同样都是考虑的因素,但是最终还是全面采用学术标准(Academic Criteria)作为录取的条件。从第二次世界大战结束到20世纪60年代,牛津大学招生人数不断增加,这给学院的住房和师资都带来压力。学科专业化以及新学科的出现,使得导师一个人很难在一个专业上全程指导他的学生,于是,一些学生必须跨学院寻找导师接受指导。以往导师都是住校教师或半住校教师,可以24小时与学生在一起,关注和了解学院所发生的一切。然而,随着时间的推移,这种情况发生了变化。一些结婚的导师搬出了学院,住到院外去了。而不少新聘任的导师对住校不以为然,更愿意住在院外。结果,到1964年时,在所有招收男生的学院中,只有21%的导师住在院内。另外,由于大学更加注意学术研究,导师在学生辅导和学术研究二者之间,他们更加倾向于后者,认为学术研究才是自己的工作。少数导师经常利用学术休假去参加学术会议或到国外找一份临时的工作挣外快。但与大学的其他教师相比,导师的压力仍然是最大的,因为各个方面都对他们寄予太多的期望。每位家长都希望自己的子女通过牛津大学的精英教育成为社

【研究领域】

牛津大学的固体物理、高磁学、激光研究、基本粒子研究和大气物理学等均在世界上占领先地位。物理系的克拉伦登实验室在世界核研究领域中起着特殊的作用。基础研究还导向重要的工业开发,包括建立了如牛津仪器公司和牛津激光公司之类的企业。

会栋梁，而牛津人则希望把自己的学校办成精英大学。1966年，弗兰克斯委员会的报告提出为导师减负的建议，即牛津大学的本科生一周只能有一次导师辅导。当然，在牛津大学，大多数导师还是尽心尽力地做好自己的本职工作。

进入20世纪80年代后，牛津大学的导师制面临的挑战依然严峻。首先，对导师资质的要求提高了。导师不仅需在自己的专业领域有很深的造诣，而且还需知识渊博、品行端正，能够激发学生的学习热情，成为塑造学生灵魂的人。其次，导师的工作量增加了。随着大学招生规模的扩大，导师负责的学生人数从20世纪80年代每位导师一般负责6名～12名本科生增加到90年代中期一名导师要负责20名本科生。按照规定，导师每周要与学生见面一次，每周的教学工作量是12个小时，而且还要做科研工作，这势必影响教学的质量和导师的工作积极性。第三，导师制非常昂贵，成本很高。经费紧张对导师制的生存带来了很大压力。据统计，牛津大学本科生年生均培养成本为12600～14600英镑，研究生为9500～12000英镑，而牛津大学从本科生和研究生那里获得的年生均学费为5600～7600英镑，年

生均经费缺口在7000～8000英镑。正如牛津大学《2005～2006学年至2009～2010学年综合规划》所指出的，如果大学的财政状况没有实质性的改善，综合规划中提出的六项战略目标都将难以实现。然而，即使如此，牛津大学对导师制仍情有独钟，因为它深受学生和家长的欢迎，培养了一批又一批英国乃至世界的精英。最难能可贵的是，导师制使每一个牛津大学的毕业生无论身处何地心里总存有牛津情结。

牛津小百科

牛津大学各学院学生总数有20000多人，其中15000多人是大学部学生，而教职员共有9000人。大学中的主要行政人员均选自牛津本身的教授及研究员。校长(Chancellor)是一项名誉职，是学校的最高层人物，主持学校所有的主要仪式。实际行政工作由学校每四年任命一位“副校长”(Vice Chancel-lot)管理。

第三课　不断演进的培养目标

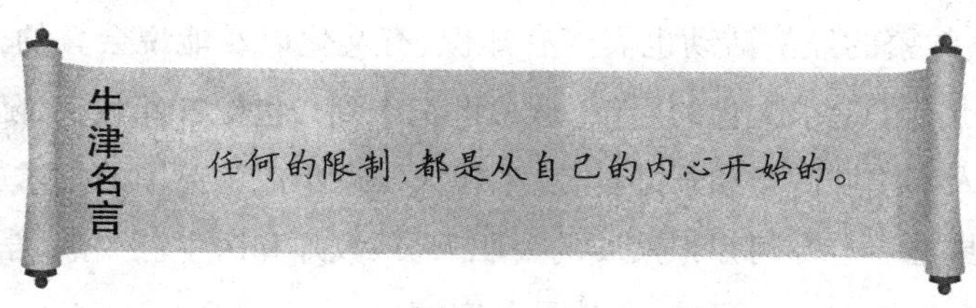

人才培养一直是大学的主要功能之一，因此，牛津大学非常重视人才培养。剑桥大学国王学院的前院士、科学家贾斯珀·罗斯(Jasper Rose)和约翰·宰曼(John Ziman)这样指出："牛津大学和剑桥大学是在讲英语的国家里最著名的大学，也是最著名的教学型大学。在激发学生思想火花、传授知识以及增长智慧方面，它们拥有独特的与众不同的方法。"牛津大学的人才培养目标历经时代的洗礼，无论是培养有教养的绅士、政界领袖、学界泰斗，还是工商界精英，牛津大学所培养的永远是时代的精英。

中世纪时期的职业精英

中世纪是一个宗教占统治地位的时期。诞生于教会摇篮之中的牛津大学自然带有极为浓厚的宗教色彩。在基督教各教派进驻牛津城以及教堂、教区和修道院纷纷建立起来后，牛津城逐渐发展成为教会的中心。为了满足教会对神职管理人员的迫切需求，培养有文化素养的从事诸如主

【研究领域】

仅在化学系，牛津大学目前就拥有4位诺贝尔奖得主。该校在蛋白质、新型无机材料合成、分子的计算机辅助设计等方面都有重大成果问世，并在化工、医药、微电子工业等领域推广应用。

持弥撒、管理教会以及从事具体教会事务等活动的教职人员，就成了中世纪时期牛津大学的主要培养目标。在这一时期，知识学问都掌握在高级神职人员手里，他们所讲授的经院哲学是专门训练神职人员的理论。招收的学生来自教堂或教区，毕业后基本上都回到教会任职。

随着人口的增加、经济往来的频繁，再加上战略位置日益重要，牛津城逐步受到人们的关注。国王、主教、修道院院长和地主在牛津城都有自己的利益，而维护和管理自己的利益则需要受过高深知识训练的人。同时，日益频繁的经济活动也需要有知识、有文化以及能说会算的人，于是普通人也有了追求文化的愿望。从11世纪末到12世纪20年代初，随着大批学者涌入牛津城讲学和开办学校，牛津大学逐步成为英国的学术中心，开始培养具有一定专门知识素质的公职人员、教师和医生。当然，学者在牛津城开办学校有一个目的，那就是养家糊口。

另外，除了有许多教堂外，牛津城还有不少宗教法庭。随着教会法庭

的迅速增加，牛津城作为审判教会争端的中心地位凸现出来。由于经常审理诉讼案件，大批法官和随从来到牛津城。这些人都受过学校教育，有的曾在学校任过教，有的既是教师又是实习律师。当时，基督教教会法和罗马法只有通过在学校的强化训练以及对大量案例进行比较、分析和诠释才能掌握。于是，培养律师的学校应运而生。牛津城有众多的法庭，这为学校开设法庭观摩课提供了便利。在观摩过程中，那些庭审律师也会利用为学生上课的机会增加收入。这种将法律教学与庭审实践相结合的教学模式，开始吸引越来越多的攻读教会法和罗马法的学生来到牛津。

因此，"早期的大学目的不在于为社会精英提供普通学术文化。它们是专业训练的中心——武装人们从事教师、牧师、民事律师和教会律师、政府官员和行政人员等职业。"到12世纪中期，牛津大学已经成为名副其实的"公共讲习所"，设有4个学科，即文科、法科、神科和医科。这与中世纪早期的单科大学相比，例如，以神学为主的巴黎大学、以法学为主的波洛尼亚大学和以医学为主的萨勒诺大学，还是有区别的。应该说，这一时期牛津大学的人才培养目标顺应了当时社会的需求，为牛津大学今后的发展奠定了一定的办学基础。

文艺复兴时期有教养的绅士

文艺复兴和宗教改革运动对牛津大学产生了很大影响。始于14世纪的意大利文艺复兴运动在15世纪后期波及英国。许多到意大利学习的学者，例如，中世纪尼德兰著名的人文主义思想家和神学家伊拉斯谟(Desiderius Erasmus，1466—1536)、英国学者威廉·格罗辛 (William Grocyn，1466—1519)、托马斯·利纳克尔(Thomas Linacre，1460—1524)、威

廉·拉蒂默(William Latimer，1467—1545)、约翰·科利特(John Colet，1467—1519)以及托马斯·莫尔(Thomas More，1478—1535)等，开始把人文主义的“新知识”(New Learning)带到牛津大学。更为重要的是，通过这些人的不懈努力，人文主义教育思想最终在英国的大学站稳了脚跟。

在文艺复兴时期的意大利，修辞学、哲学、天文学等科目出现在大学文科的课程之中。这些课程都是讲授希腊、罗马古典学问的，被看作是“人文学科”(studia humana)。随着这些世俗课程(即人文学科)的设置，神学在大学中的首要位置受到冲击。到15世纪时，人文学科获得了比较准确的定义，包括文法、修辞、诗歌、历史和道德哲学等。随着人文学科课程的设定，人文主义教育思想开始逐步渗透到大学的办学理念之中。人文主义教育思想的杰出代表伊拉斯谟曾这样称颂人文学科教育的功能：古代希腊及罗马的著作是人类最重要的、全部的知识。只有通过人文学科教育，人才能成为完人。与经院哲学相比，人文学科让人性变得温和、优雅和有教养。这种以探求真理、完善人格的人文主义教育思想，体现在牛津大学人才培养目标上，就是“培养有教养的人，而不是知识分子。就大学毕业生而言，有教养比有高深学问更为重要”。由此可见，文艺复兴时期的人文主义教育为牛津大学留下了两笔遗产：一是古典学科，二是人文学科教育有了新的内涵。从此，绅士成为这一时期牛津大学的培养目标之一。

文艺复兴运动在某种程度上催生了宗教改革运动。于是，肇始于16世纪初期的德国宗教改革运动迅速传遍欧洲，给牛津大学带来的影响甚至比文艺复兴运动还要大。尽管14世纪的牛津大学神学家和哲学家约翰·威克利夫曾率先掀起了英国的宗教改革，但英国最终与罗马教廷决裂并成立独立的英国国教的重任还是由亨利八世完成的。这场宗教改革给牛津大学带来的影响是：首先，以往学科课程中占主导地位的神学开始让位于古典学科，为教会培养

【研究领域】

牛津大学在地球内部动力学、陆界变形研究、低温处理和古生物学等领域也很有成就。牛津数学研究所在许多数学分支学科中居于世界前列，计算机科学研究在国内外亦有一定地位。牛津被国际上公认为英国的经济学中心。

和输送精英的神学教育寿终正寝；其次，国王取代罗马教会控制了大学，大学逐步成为世俗王权的工具，从而加快了大学教育世俗化的进程，来自贵族、牧师以及平民阶层的学生成为牛津大学学生的主体。《公祷书》和《三十九条信纲》等政策的颁布，致使大批非国教信徒无法进入大学接受教育。与此同时，由于王室的干预，大学的学术自由受到了压抑，致使大学学术发展停滞不前。

在17世纪，牛津大学经过宗教改革的洗礼后逐步恢复了元气。从1600年到1690年，大约3.5万人在牛津大学接受教育。当时，人们普遍认为，人文学科知识是成为贵族的基本要素，能赢得尊重和社会地位，甚至可以让一个乡村绅士享有巨大声誉。于是，无论是上层人士还是下层人士家庭的男孩子，都希望进入大学接受教育，使自己成为一个有教养的人，而这只有大学能够做到。有了大学教育这张通行证，他们就可以在国家和地方机构中找到职位，就可以在人们面前显得有学问和有教养。正是大学教育拥有的潜在优势和价值，使得贵族和绅士阶层都想方设法将孩子送到大学读书。

到18世纪，牛津大学卷入了持续不断的政治和宗教纷争，不得不在夹缝中生存。最终，王权的统治被架空，新兴资产阶级取代了贵族势力主导了英国议会，占据了权力的中心。随着王权政治体制日益削弱，贵族世袭传统和封建等级思想的淡薄，牛津大学延续了百年之久的培养有教养的贵族的教育传统被彻底打破了。从18世纪60年代开始的工业革命使英

国社会发生了很大变化，各种谋生手段和创业机会展现在人们的面前。城市平民和新型工商业资产阶级对传统的大学古典教育日益淡漠，纷纷送其子弟接受职业教育。从17世纪末到19时期初，牛津大学招生人数不断下降。据统计，牛津大学在整个18世纪平均每年只有250人注册入学。其中，无所事事的富人子弟占了学生中的大多数，并享受着学院里的各种特权，甚至不用考试就能获得学位，由此可见牛津大学衰败的程度。

19世纪之前，英格兰只有牛津大学和剑桥大学两所大学，实际上，它们在培养高级人才方面处于垄断地位，因而成为英国国内政治各方寻求支持的对象。在这一方面，英国王权处于有利的地位。宗教改革后，英国国教在牛津大学处于主导地位，上至校长下至学生，信奉国教成为牛津大学成员的不二律条。王室频繁地巡视大学并且指使其代理人控制大学，颁布相关敕令和规约，设立钦定教授职位。这些都是为了确保牛津大学在政治上对国王忠诚，在人才培养上为王权和英国国教服务。

在这一时期，牛津大学的培养目标逐步从中世纪的训练神职专业人士转变成为王室和教会培养有教养、有学识的统治精英，为英国社会培养绅士。

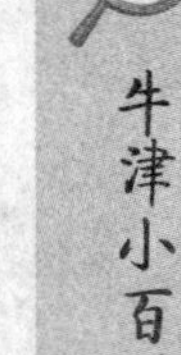

牛津小百科

牛津的学校组织以 16 个学部(Facuity)为基础，有些学院还设有下属学部。每个学院都有一个经选举产生的董事会，该董事会对它所在学院的本科生课程负责。每个学院自行承认、监督、检测所有毕业生相关科目的成绩。在得到总董事会认可的情况下，它同时负责聘任教职员，以及与学院所包含科目有关的一切学术性事物。

第四课　牛津名人榜——英国哲学家约翰·洛克

牛津名言

若不给自己设限，则人生中就没有限制你发挥的藩篱。

著名的英国哲学家约翰·洛克（John Locke，1632年8月29日至1704年10月28日）是全面系统地阐述宪政民主基本思想的第一位作家。他的思想深刻地影响了美国的开国元勋及法国启蒙运动中的许多主要哲学家。

在知识论上，洛克与大卫·休谟、乔治·贝克莱三人被列为英国经验主义的代表人物，但他也在社会契约理论上做出重要贡献。他发展出了一套与托马斯·霍布斯的自然状态（state of nature）不同的理论，主张政府只有在取得被统治者的同意，并且保障人民拥有生命、自由和财产的自然权利时，其统治才有正当性。洛克相信，只有在取得被统治者的同意时，社会契约才会成立；如果缺乏了这种同意，那么人民便有推翻政府的权力。

洛克的思想对于后代政治哲学的发展产生巨大影响，他被广泛视为启蒙时代最具影响力的思想家和自由主义者。他的著作也大为影响了伏尔泰和卢梭，以及许多苏格兰启蒙运动的思想家和美国开国元勋。他的理论被反映在美国的独立宣言上。

洛克的精神哲学理论通常被视为现代哲学中“本体”以及自我理论的奠基者，也影响了后来大卫·休谟、让·雅各·卢梭、伊曼努尔·康德等人的著作。洛克是第一个以连续的“意识”来定义自我概念的哲学家，他也提出了心灵是一块“白板”的假设。与笛卡儿或基督教哲学不同的是，洛克认为人生下来是不带有任何记忆和思想的。

生平

洛克的父亲也叫约翰·洛克，是一名在萨默塞特郡(Somerset)担任地方法官书记的律师，曾经在英国内战时担任议会派部队的军官。洛克的母亲艾妮丝·金恩则是一名制革工匠的女儿，据传长得相当漂亮。洛克的双亲都是清教徒。洛克在1632年8月29日生于萨默塞特郡的威灵顿村，一个距离布里斯托大约12英里的地方。他在同一天被受洗。出生后不久，洛克家搬到了布里斯托以南7英里的Pensford镇区，洛克便在那里的一个农村长大。

1647年，在父亲的友人、也是国会议员的Alexander Popham的资助下，洛克被送至伦敦就读西敏中学(Westminster School)。在从西敏中学毕业后，洛克接着前往就读牛津大学基督教堂学院(Christ Church)。虽然洛克的成绩相当杰出，但他对大学安排的课程感到相当乏味和不满，他发现一些当时的哲学家例如笛卡儿等人的著作都要比大学里教授的古典教材还要有趣。透过在西敏中学认识的同学理查·洛尔的介绍下，

【研究领域】

牛津大学的发展经济学和国际关系研究也很活跃，还被誉为研究当代中国最活跃的中心之一。牛津大学有许多杰出的神学家、哲学家、法学家、历史学家、音乐家、文学家和文艺评论家，它的政治学、地理学、社会学、心理学力量都相当强。

洛克开始将兴趣转向一些实验哲学和医学的研究，并且成了皇家学会院士。

洛克在1656年获得学士学位，接着在1658年获得硕士学位。由于在牛津期间广泛学习医学，并且曾与许多知名的科学家如罗伯特·波义耳、罗伯特·胡克共事，洛克后来还在1674年获得了医学学士的学位。在1666年，洛克认识了沙夫茨伯里伯爵（Anthony Ashley-Cooper），伯爵当时正为肝脏感染疾病所苦，在接受洛克的悉心治疗后相当感激，于是说服洛克成为他的助手。

找到新工作的洛克于是在1667年搬进了沙夫茨伯里伯爵位于伦敦的住所，兼任他的个人医师。在伦敦，洛克在知名医师托马斯·西德纳姆（Thomas Sydenham）的指导下继续研读医学。西德莱姆对洛克在自然哲学上的概念产生极大影响，这种影响可以在后来洛克所著的《人类理解论》一书里发现。

随着沙夫茨伯里伯爵的肝脏病情逐渐恶化，洛克所学到的医学知识也备受考验。洛克负责协调其他几名医师一同参与治疗，并且说服沙夫茨伯里伯爵接受一次开刀手术（开刀在当时本身就是可能致命的）以移除肝脏内的囊肿。手术进行得相当成功，疾病也逐渐复原了，伯爵感激地称赞是洛克救了他一命。

在担任沙夫茨伯里伯爵医师的时期，洛克开始撰写一些在后来被出版为《人类理解论》一书的草

稿，其中有两份草稿依然保存至今。也是在这个时期，洛克担任了伯爵所创建的贸易与种植园事务委员会的秘书，提供伯爵有关国际贸易和经济上的意见。

沙夫茨伯里伯爵身为辉格党的创立者之一，对于洛克的政治思想有极大影响。伯爵于1672年被指派为英国大法官（Lord Chancellor），洛克也随之参与各种政治活动。1675年，在伯爵于政坛失势后，洛克前往法国旅行。1679年，当伯爵的政治情势稍微好转时，洛克又回到了英格兰。也是在这个时期，很可能是出于伯爵的鼓励，洛克开始撰写知名的《政府论》一书。在书中，洛克替后来1688年的光荣革命提出辩护，但也批评了托马斯·霍布斯等人的独裁主义政治哲学。虽然洛克是与较具权势的辉格党共事，他所提出的自然权利以及政府理论在当时可说是相当激进而革命性的。

然而到了1683年，由于被怀疑涉嫌一件刺杀查理二世国王的阴谋（虽然根本没有多少证据能证明他直接参与了谋刺案），洛克逃亡至荷兰。在荷兰，洛克终于有时间继续开始撰写许多著作，花了许多时间重新校对他的《人类理解论》以及《论宽容》的草稿，直到光荣革命结束为止，洛克都一直待在荷兰。1688年，洛克跟随奥兰治亲王的妻子一同返回英格兰。在抵达英国后不久洛克开始将大量的草稿出版成书，包括《人类理解论》《政府论》以及《论宽容》都在这段时期接连出版。

洛克的密友玛莎姆女士（Masham）邀请洛克前往她在艾塞克斯郡的乡下住所定居。虽然当时洛克的身体状况已经因为哮喘病发作而饱受折磨，但他仍成为辉格党的英雄人物。在这期间，洛克也经常与艾萨克·牛顿等人讨论各种议题。

从1691年开始，洛克一直住在玛莎姆女士的家中。在健康状况不断恶化后，洛克在1704年10月28日去世，并被埋在艾赛克斯郡东部的High Laver小镇的一个教堂墓区。洛克终身未婚，也没有留下子女。

虽然洛克一生中经历了王政复辟、伦敦大火、伦敦大瘟疫等许多历史事件，他仍没来得及在有生之年看到他的理念被实践。君主立宪制和议会民主制的发展在洛克的时代都还处于早期阶段。

著作

洛克的著作中反映出了他的清教徒背景以及身为辉格党员的一些政治立场。虽然洛克经常被视为现代政治自由概念的奠基者,他在书中提出的一些观点也难免与现代的主流观点有些差别。

洛克的第一本主要著作是《论宽容》。洛克对研究当时英国的宗教宽容程度相当感兴趣,他在死前写下了许多主张宗教宽容的论文。非国教徒的新教徒背景长大的洛克对于不同的神学观点相当敏感。不过后来洛克改变了立场,因为他对许多非国教徒的教派的行径感到反感,转而成了英国国教会的坚定支持者。洛克采取了较为宽容的宗教立场,但仍认为拥有一个国教可以促进社会的和谐。

而洛克最知名的两本著作则分别是《人类理解论》和《政府论》。《人类理解论》早在1671年便开始撰写,有如洛克描述的,在接下来18年里断断续续撰写才完成了整本书,最后于1689年出版。虽然洛克开始撰写《政府论》的时间仍有争议,但很明显的是,书中大部分内容都是在1679年至1682年期间撰写的。因此《政府论》一书最初不太可能是为了1688年的光荣革命才撰写的,虽然在光荣革命之后洛克的确曾大幅修订全书以替革命辩护。

《论宽容》

洛克最初是以不具名的方式在阿姆斯特丹发表了拉丁文的《论宽容》一书,这本书很快便被翻译为英文出版。洛克区分了一个教会与民间政府的差异,包括两者在目标上的差异以及在实践的手段上的差异。政府是为了维持和平才存在的,并且必须保有武力才能达成这个目

【学校机构】

牛津大学副校长由各学院轮流产生,任期4年。由所有的牛津毕业生组成的大学评议会(Convocation)负责选出每任校长。而实际的行政监督、建议工作,则由教职员大会(Congregation)负责。大会选出18名执行委员(HebdomadalCouncil),每周开会,会同校中行政人员,决定学校发展方向。

标；而教会则是自愿构成的群体，为了提供灵魂救赎才存在的，而且必须使用说服的手段传教。个人并不能被从他们自己的灵魂上分开，也因此政府并没有提供他们救赎的责任，武力也不可能达成救赎的目标；即使能够达成，以这种压迫方法传教的宗教也并不一定是真正良善的宗教。因此，即使当政府倾向于支持某个特定的教会时，政府不能为此而干扰民间的和平。

不过，政府可以出自政治上的目标而管制宗教，例如禁止在公共场合宰杀动物以维持环境的卫生，即使是当这些政策妨碍了某些宗教传统时亦然。而那些不愿接受洛克提出的宽容原则的宗教教派必然会企图改变政府，也因此政府有权以维持和平为由加以镇压。由于没有了对上帝的恐惧便没有了信守承诺的理由，而社会的和平也需要人们愿意保持承诺，因此政府可以在这种情况下主动推广一部分的宗教发展。

《人类理解论》

在《人类理解论》一书中，洛克批评了宣称人生下来便带有内在思想的哲学理论，他主张人所经历过的感觉和经验才是形塑思想的主要来源。由于他在这方面的理论，洛克可以被归类为经验主义者，而非他的批评者莱布尼茨等人所信奉的理性主义。《人类理解论》的第二卷提出了洛克对于思想的理论，他区分出了被动取得的简单思想，例如“红色”“甜美”“圆形”等等，与主动架构起来的复杂思想，例如数字、因果关系、抽象、实体观念、本体以及差异性概念。洛克也区分了物体既有的主要特质，例如形状、动作、和长宽高，以及次要特质，亦即“在我们体内产生不同感觉的能力”，例如让我们感觉到“红色”或“甜美”的能力。洛克主张次要特质是取决于主要特质的。在第二卷中洛克也讨论到了人的本体以及人的思想，他在这里

【机构设置】

校长(Chancellor)是一项名誉职，是学校的最高层人物，主持学校所有的主要仪式。实际行政工作，由学校每四年任命一位“副校长”(ViceChancellor)管理，他掌管着学校政务会——一个由选举出来的教员组成的负责学校日常事务的组织。

所提出的理论直到今天都还有争议。第三卷主要讨论语言,第四卷则讨论知识,包括了直觉知识、数学、道德哲学、自然哲学(“科学”)以及信仰和舆论。

《政府论》

1689年至1690年写成的两篇《政府论》是洛克最重要的政治论文。《政府论》的第一篇是对罗伯特·费尼默爵士(Robert Filmer)的《先祖论即论国王之自然权》的反驳。洛克极力并有效地驳斥了费尼默的君权神授的主张。洛克主张政府的权威只能建立在被统治者拥护的基础之上，并且支持社会契约论。不过他也强调社会契约是可以废除的。在第二篇中,洛克则试图替光荣革命辩护(但根据拉斯莱特的考证,政府论发表之时,光荣革命尚未发生,因此这部著作是在呼唤一场革命,而不是为已经发生的革命辩护),提出了一套正当政府的理论,并且主张当政府违反这个理论时,人们就有权推翻其政权。洛克还巧妙的暗示读者当时英国的詹姆斯二世已经违反了这个理论。

洛克提出了一套与托马斯·霍布斯的“自然状态”不同的理论,他主张每个人都拥有自然权利,而他们的责任则是保护他们自己的权利,并且尊重其他人的同等权利。透过洛克称为“理性”的自然法的概念,人们就能理解为何他们必须尊重其他人的权利，包括尊重他人经过劳动而获得的财产的权利。由于在实践上自然法经常被忽略,因此政府的保护是必要的,然而政府的统治也必须经过被统治者的同意，这样的统治也只有在一个全体的法律体制下才能表现出来。因此所有的政府都只是人民所委托的代理人,当代理人背叛了人民时,政府就应该被解散。当立定的法律被违反或代理人滥用权力时,一个政府便是背叛了其人民。当政府被宣告解散后,人民便有权再建立一个新的政府,以对抗旧政府的不正当权威,这种情况又可以称为“革命”。

财产理论

在《政府论》中，洛克主张公民社会是为了对财产权利提供保护才产生的。洛克所谓的财产是以拉丁文的proprius一词为基础，代表了一个人所拥有的东西——包括拥有他自己。也因此，洛克所谓的“财产”包括拥有“生命、自由和财产”的权利。政治社会创立的目标便是为财产权利提供更好的保护，因为财产能够代表其成员私人的（非政治性的）利益，但却无法代表一些只有与共同体里其他人结合才能实现的利益。

从这个理论延伸，每个人必然都在社会以外（例如在自然状态下）拥有一些财产，因此政府并不是财产权利的唯一来源，也不能够随意挪用个人的财产。如果政府存在的目标是为了保护财产权利，财产必然是先于政府存在并且完全独立的。洛克的对手罗伯特·费尔默爵士主张如果自然状态真的存在（他否认其存在），那么所有东西必然是属于公共所有的，私人财产不可能存在。托马斯·霍布斯对此也抱持类似的看法。洛克因此提出了一套解释财产如何在没有政府的情况下存在的解释：

首先，洛克主张每个个人都“拥有”他自己，所以每个人在自然状态下都是同样自由而平等的。因此，每个人也必然拥有他劳动所得的产品，要否认这点便等同于将他视为奴隶。也因此每个人都有权在自然赋予的资源上混合他自己的劳动：一颗长在树上的苹果对所有人都没有用处，只有当某个人将其采收后它才有可能被食用，而苹果便成为那个采收的人的财产。洛克同时提出另一种论点，他主张我们必须允许苹果被采收为私人财产，否则无论世界上的资源有多么丰富，所有人类都只有饿死一途。一个人也必须被允许进食，因此他有权利食用经过他劳动所得的果实。当苹果被他吃下的，他也必然是这颗苹果的所有人，无论是在他咀嚼时、

【机构设置】

大学中的训导长也由各学院轮流选出。担任训导长的额外报酬，是可以在任期内，获赠牛津大学出版部的所有出版书籍，而在他们的学位袍上，亦可终身加配一条黑色的肩带，以表学校对其工作的感谢。

当他啃咬时、当他将苹果送至嘴边时，只要他在这颗苹果上混合了他的劳动。

不过这还没有说明为何一个个人应该被允许在自然赋予的资源上混合劳动。由于人必须进食，采收苹果也是必要的，但这还不足以解释为何人们必须尊重其他人的财产。因此洛克假设在自然状态下资源是相当丰富的：只要其他人还有机会取得"同样多"和"同样好"的资源，一个人便有权利拿走一部分的自然资源，而由于自然资源是相当丰富的，一个人可以在拿走所有他自己会用到的资源的同时，也不会侵犯到其他人的资源。除此之外，一个人不可以拿走超过他能使用到的数量，以免资源被糟蹋。洛克也因此提出了两个取得财产的条件："同样多和同样好" 的条件以及避免"浪费糟蹋"的条件。

透过这一连串理论，洛克主张一个完整的经济体制的确可以在没有政府的自然状态下存在。私人财产因此是先于政府而存在的，社会也是为了保护私人财产才形成的。

累积的限制

劳动创造财产，但财产的累积也有其限制。依据洛克的说法，没有被使用的财产是一种浪费，也是对于自然的侵犯。不过，随着"长久产品"的引进，人便可以卖出他们手上过多的会腐烂的产品以交换长久产品，如此一来便不会违反自然法了。由于黄金、银块和其他各种贵金属及宝石并不会腐烂，除

了美观价值以外，它们对于人的生存是没有用处的。也因此一个人可以自由地累积它们，或者用它们进行贸易、换取食物。透过人与人之间的自愿同意，它们便成了货币。透过货币的买卖，一个人便能够避免对于资源的浪费，例如在果实腐烂之前便将它们变卖以让他人食用。但是货币机制的使用也使得对物品的过多占有。洛克最终对于采用货币机制采取了一种至少在表面上看来不太连贯的态度。

政治理论

与托马斯·霍布斯不同的是，洛克相信人的本质是带有理性和宽容的。但与霍布斯相同的是，洛克认为自私是人性的本质，这也是他在货币理论上的基础。洛克认为在自然状态下所有人都是平等而独立的，没有人有权利侵犯其他人的“生命、自由或财产”。洛克也主张应该对政府权力实行监督与制衡，并且认为当政府背叛了人民时，革命不但是一种权利，也是一种义务。这些理论对于美国宪法及其独立宣言都有极大影响。

卡罗来纳宪法

洛克经常被视为是自由主义的代表人物，也是美国革命的先驱。不过，毁谤者批评洛克曾透过一间英国公司投资了在新大陆的奴隶交易，也批评他在担任沙夫茨伯里伯爵秘书期间曾参与了卡罗来纳宪法(Fundamental Constitutions of Carolina)的起草，那份宪法在新大陆的卡罗来纳州建立了一套封建的贵族制度、并且给了奴隶主对奴隶的绝对控制权。一些人认为洛克提出的圈地财产的理论正当化了对于美洲原住民的土地侵占。毁谤者举出洛克在著作里的反贵族和反奴隶理论，质疑他言行不一。然而，大多数美国学者都驳斥了这些毁谤者的批评，指出洛克并没有实际参与卡罗来纳宪法的起草，并且也否认了这些毁谤者对洛克著作的解释。

【牛津校警】

大学中的校警，被学生昵称为“牛头犬”(Bulldog)。他们执行工作时，仍头戴传统的大礼帽，颇有古风，校警向大学的训导长负责。

自我理论

【学校组织】

牛津的学校组织以16个学部(Faculty)为基础,有些学院还设有下属学部。每个学院都有一个经选举产生的董事会,该董事会对它所在学院的本科生课程负责。每个学院自行承认、监督、检测所有毕业生相关科目的成绩。

洛克是不列颠经验主义的开创者,虽然他本人并没有完全贯彻这种哲学思想。洛克认为人类所有的思想和观念都来自或反映了人类的感官经验。洛克将“自我”定义为“会以意识思考的东西(无论其本体,无论其是由何种精神、物质所单独构成或混合而成,皆是如此),这种东西是可以进行感觉的,会感觉到快乐或痛苦、幸福或不幸,而其意识延伸的程度,便是其自我所关心的程度。”但洛克并没有忽略“本体”的重要性,他写道:“肉体是构成人的一部分。”

因此,洛克认为“自我”是一种在体内的自我察觉以及自我意识的反射。在《人类理解论》中洛克解释了这种意识灵魂的发展过程,他批评了圣奥古斯丁派所提出的人生下来皆带有原罪的理论,也批评了笛卡儿提出的人生下来皆带有基本逻辑知识的理论。洛克认为人的心灵开始时就像一块“白板”,而向它提供精神内容的是经验(即他所谓的观念)。观念分为两种:感觉的观念和反思(reflection)的观念。

感觉来源于感官感受外部世界,而反思则来自心灵观察本身。与理性主义者不同的是,洛克强调这两种观念是知识的唯一来源。洛克还将观念划分为简单观念和复杂观念,不过并没有提供合适的区分标准。我们唯一能感知的是简单观念,而我们自己从许多简单观念中能够形成一个复杂观念。洛克的《教育漫话》一书就是他对于如何教育这种空白心灵的大纲;他相信教育才是构成人最重要的部分;或者更根本地说,心灵开始时都只是一个“空橱柜”。他还说:“我想我会说,在我们所遇到的人之中,其中有九成的人的好坏或能力高低,都取决于他们所受到的教育。”

洛克也主张“在我们婴儿时期所接受的任何琐碎印象,都会对我们以后有相当重大而持久的影响。”他主张在一个人年轻时所形成的联想(观念的联合)比那些后来才形成的更为重要,因为它们是自我的根源——它们是第一波留在“白板”上的印象。在《人类理解论》中,洛克引入了这些概念,还提出了一个例子:例如我们不应该让一个“愚蠢的女仆”告诉小孩在晚上时会有“小妖精和鬼怪”出没,否则“夜晚便会永远和这些可怕的念头结合在一起,他从此再也摆脱不掉这些想法了”。

影响

洛克对哲学和政治哲学界产生了极大影响，尤其是对自由主义的发展。现代的自由意志主义者也将洛克视为其理论的奠基者之一。洛克对于伏尔泰有极大影响，而他在自由和社会契约上的理论也影响了后来的亚历山大·汉密尔顿、詹姆斯·麦迪逊、托马斯·杰斐逊以及其他许多的美国开国元勋。洛克的理论激励了后来的美国革命与法国大革命。洛克在知识论上也有极大贡献,他提出了“主观性”或称之为“自我”的定义,Charles Taylor等历史学家认为洛克的《人类理解论》一书是现代哲学中有关“自我”的概念的奠基者。

牛津小百科

牛津大学对它接受的捐赠的投资计划是根据 1943 年通过的大学和学院法案制订的。所有信托财产都以一项名为“共同信托基金”的单独基金形式由大学管理。学校有权在世界任何地方以债券、股份、现货、基金或其他形式(包括土地)进行投资。大学基金会的负责人(The Curators of the University Chest)有责任对投资进行监督,并管理财政事务。

第三章　不一样的人文景观

作为英语世界中最古老的大学和全世界莘莘学子心目中的圣殿，牛津大学的美丽，来自她贯穿时光隧道间那扑鼻的书香与幽深的传统。这里有着浓厚的文化底蕴和古典优雅的校园建筑，自然与人文景观的交相辉映，无处不散发着独有的文化品位和超凡光彩。

第一课　基督学院的传奇色彩

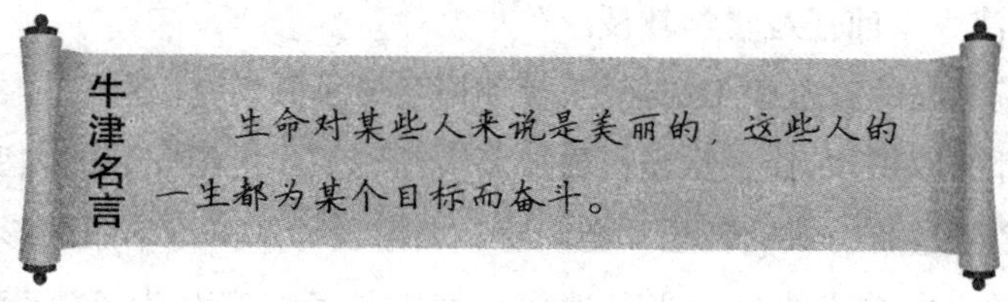

基督学院享有不称为College的特权，在牛津大学它通常被称为“The House”。这是牛津大学最大的学院之一，1546年由红衣主教沃西创建。基督教堂学院与英国政治渊源很深，曾在内战时作为查理一世的临时首都，在近代200年内产生了16位英国首相和11位印度总督。

基督教堂学院是牛津最大的学院，也是最富裕的学院之一，是唯一一所拥有一座大

教堂和自己的画廊的学院。人们视基督教堂学院为英国贵族的教育摇篮，是治国才能和丑角艺术的高等学府，从伊丽莎白时代的骑士和诗人菲利普·悉尼，到撒切尔执政时激情四射的部长艾伦·克拉克。在成为首相之前，威廉·格拉斯通在这里学习过希腊语和数学，安东尼·伊登在这里学习过东方学。索尔兹伯里侯爵、德尔比伯爵、巴特兰、坎宁、皮尔……这所学院成为牛津大学最先收取门票的学院，这早就不足为奇了，那是向旅游者们收取的名人税。一则有关哲学家艾尔弗雷德·J·艾尔的逸事证明了这里的院士是什么级别的人物。1987年，在纽约的一次晚会上，艾尔发觉拳王迈克·泰森在骚扰模特纳奥米·坎贝尔，艾尔劝泰森别烦她。“他妈的，你知道我是谁吗?”泰森问道，“我是重量级世界冠军!”艾尔则回答说：“我是牛津大学前任逻辑学教授。”

学院漂亮的教堂建于1546年，是英格兰最小的教堂。建筑最大的特点在于内部的双拱顶，让大堂显得更加高大壮丽。14世纪安装的大型窗格，使建筑产生了哥特式的轻盈和空间感。名家设计的鲜艳华丽的彩色镶拼玻璃令教堂内的光线显得光彩迷离，特别是圣坛旁名为圣凯萨琳之窗(St. Catherine's Window)的彩色玻璃窗，把《爱丽丝漫游仙境》中爱丽丝的姐姐爱蒂丝描绘成圣人，吸引了大批书迷前来观赏。

在圣母礼拜堂中有圣弗拉伊兹怀特德墓，这座教堂的前身就是这位撒克逊公主在公元8世纪修建的一座修道院。旁边还有另外几座名人墓地，其中最著名的是哲学家伯克利主教，美国加州大学伯克利分校就是以他的名字命名的。

站在牛津的中心，Carfix，目光很容易就被南边一座高耸的钟塔所吸引，那就是基督教堂学院的汤姆塔，它由英国17世纪著名的建筑师克里斯多弗·雷恩(christopher Wren)爵士设计，看到它那高耸穹顶的人不自觉地会联想起英国国教总堂——伦敦的圣保罗大教堂。没错，圣保罗大教堂也出自雷恩爵士之手。汤姆塔会在每天晚上9点零0分准时敲钟101下，那是为了纪念最初学院的101位学生，因为学院设立之初有101位学生。过去，学院的所有大门全部在最后一声钟响后关闭，回来晚的学生据说还要被处以罚款。这一规定到1963年才被废止。为什么会选择9点零5分而不是9点整？那是因为这里比格林尼治天文台靠西，有5分钟的时差。

汤姆中庭拥有美丽的喷泉，是牛津最大的四方形中庭之一。大厅内四壁均为历代名人肖像，如亨利八世、宾夕法尼亚州的创始人威廉·佩恩，以及在此做过数学讲师的刘易斯·卡洛尔。

【学校声誉】

牛津大学以丰富多样的教学方法声名远扬：阅读、实验、导师辅导等多种方法结合，尊重学习规律，调动学生学习热情，培养出一代代堪称天之骄子的牛津精英。该校在心理学、生物学和法律、工程学、社会科学、经济、哲学、历史、音乐、化学、生物化学、文学、法语、德语、丹麦语、数学、物理、地球科学上均是行内之翘楚。

基督教堂学院另一处吸引人的地方是它的教堂。虽然这也是绝大多数学院都有的建筑，但是这座教堂的地位不同，它是牛津市的主教教堂(Cathedral)，同时也是全英国最小的主教教堂，学院的院长同时也是牛津的主教。基督教堂学院似乎总与传奇故事、玄幻魔法有缘。很早就风靡整个西方，后来被搬上好莱坞荧幕的《指环王》(The Lord ofthe Ring)就诞生在这里。

19世纪的一本儿童读物《爱丽丝漫游仙境》。这本书的作者刘易斯·卡洛尔就是该学院的学生，并在其母校研究教学长达47年之久。他童心未

泥，喜欢与儿童交朋友，且擅长讲故事，与院长的女儿小爱丽丝成了忘年之交，用他天才的语言能力编织了这样充满想象力又充满数学逻辑的童话故事，向全世界的儿童奉献了《爱丽丝漫游仙境》和《透过透明的玻璃瓶》这两件最美好的礼物。中庭中的一棵大树，据说就是兔子先生带着爱丽丝跳进去的奇境入口。基督教堂学院饭堂，从门口数过来的第五扇，就是著名的“爱丽丝之窗”。彩色玻璃依次勾勒出作者卡洛尔、小女孩爱丽丝、坏脾气红心皇后和渡渡鸟，透过阳光隔着长长的餐桌与就餐的学生两两相望。

基督教堂学院的这些传奇故事大概使不少人相信这里是有魔力的，要不为何在英国内战时，连皇帝查理一世也要逃到这里躲避？虽然他最终还是没能幸免于难，但是这并不影响基督教堂学院成为全世界玄幻故事迷们心目中的圣地。

这听上去似乎像个悖论，这所让全世界投身于严谨科学的学者和青年学子们向往的知名学府，却同时也是痴迷于没有答案的传说故事的人们朝拜的地方。但牛津大学就是这样一个充满矛盾和悖论的地方，它的“混沌”和“清晰”一样出名，几乎每一个牛津学子都可以和你高谈阔论一番牛津各个时期的校友们如何如何影响或改变了英国、欧洲乃至世界的历史进程，却没有人能说清楚自己学校的历史，以至于关于牛津大学究竟成立于哪一年一直以来仍争论不休，连最早的学院是哪一所都没有定论，只好把默顿(Merton)、贝利奥尔(Balliol)和大学(university)这3所均成立于13世纪早期的学院并称为“牛津三老”。

【学校声誉】

在近800年的历史中，牛津大学培养了6位英国国王、26位英国首相（其中包括格莱斯顿、艾德礼、撒切尔夫人和布莱尔）、多位外国政府首脑(如美国前总统克林顿)、近40位诺贝尔奖获得者以及一大批著名科学家，如经济学家亚当·斯密、哲学家培根、诗人雪莱、作家格林、化学家罗伯特·玻意耳、天文学家哈雷等。

基督教堂学院等级森严的食堂

喜爱《哈利·波特》这部电影的观众一定会对影片中霍格沃茨魔法学校那宏伟庄重、穹顶布满星星的大餐厅印象深刻。这个餐厅是影片的一个主要场景，小主人公们每天都在这里用餐，哈利·波特和好友的很多计划都是在餐厅用餐时形成的。而每年一次的新生入学欢迎晚宴、确定新生去哪个学院读书的“分院”仪式、圣诞节晚餐、国际魔法学校的学生舞会也都是在这个大餐厅中举行的。这个餐厅的原型就是世界著名学府英国牛津大学的基督教堂学院食堂，也叫“大礼堂”。

牛津大学基督教堂学院始建于1546年，是牛津大学最大也是最古老的学院之一，基督教堂学院食堂是这个学院最重要的组成部分，现在仍然作为学生食堂。

令人羡慕的是，牛津大学的学子们可以每天在这个被波特迷视为圣地的地方用餐，教授们也仍保留着与学生共同进餐的传统，这个餐厅的原型就是世界著名学府英国牛津大学的基督教堂学院食堂，也叫“大礼堂”。

和《哈利·波特》电影中一样，食堂的座位也是按照级别划分的。比如餐厅的座位有“高桌”和普通座位之分，只有教授、资深研究员或访问研究员等才能登上“高桌”，学生只能坐普通座位。

基督教堂学院食堂之所以有这样的传统，是因为学院的创始人是个主教，学院也曾一度叫主教学院，因此在很多地方保持了宗教上的等级划分。当然，这也在某种程度上激励学生刻苦学习，早日登上“高桌”。基督教堂学院走出了很多名人，英国哲学家洛克、大科学家爱因斯坦、《爱丽丝漫游仙境》的作者卡洛尔以及英国多位首相和众多议员都曾经在这个食堂用餐。当年的他们是否也和现在的学生一样，在谈笑风生中计划着自己如何可以早日成为那些著名校友中的一员？

说到这个大饭堂，还流传着一则非常有意思的故事。传说16世纪某个圣诞日，有一名基督教堂学院的学生背着书包在山路上行走，意外地与一头凶猛的野猪相遇，野猪一次次张开獠牙大嘴扑向学生，学生情急之下灵

【学校声誉】

2001年诺贝尔文学奖获得者奈保尔也毕业于牛津大学英文系。2001～2002学年，在牛津大学就读的学生总数超过1.65万人，其中，来自130多个国家的外国留学生占了三分之一，在校研究生的数目约为5000人。牛津大学为人类文明的发展进步做出了重大的贡献。

机一动，迅速从书包里取出一本刚才还读得头昏脑涨的亚里士多德的著作，塞进野猪的嘴巴里。亚里士多德果然是嚼不碎、咽不下去的东西，野猪没吞噎几下便憋死了。学生叫同学们上山把那个野猪头割下并烤熟了，当夜就端到教师的圣诞餐桌上。教师们知道学生们嘲弄他们高深的学问活生生把一头野猪给憋死了的不言之意，却哈哈一笑，然后尽享那香喷喷的美味。从此，这道美味便成了圣诞晚餐的招牌菜。

因为这则故事，基督教堂学院有了一处"野猪窝"。离开大饭堂，经汤姆方院往右方向，可以见到对面有一个拱门，这是走向学院学生公寓Blue Boarst的通道。Blue Boarst的英文原意是"蓝色的野猪"。学生公寓的招牌上还画有一头很夸张地站立起来张牙舞爪的蓝色野猪。世界一流学院的学生公寓居然沦为"野猪窝"，如果不了解亚里士多德把野猪憋死的故事，还真的百思不得其解呢。

牛津小百科

研究与商务部(Research and Commercial Services)是牛津大学管理机构中的重要部门，因为它负责资助研究项目、与工业界联络以及其他相关活动，负责与一切校外研究基金相关的事务，监察从研究课题的申请阶段到控制研究阶段的相关条件的协商，及至代表校方对研究协议或奖励的授权等。研究与商务部的责任还包括对讨论会、知识产权和保密问题提供咨询，以及发行与科研有关的出版物等。

第二课　古老的默顿学院

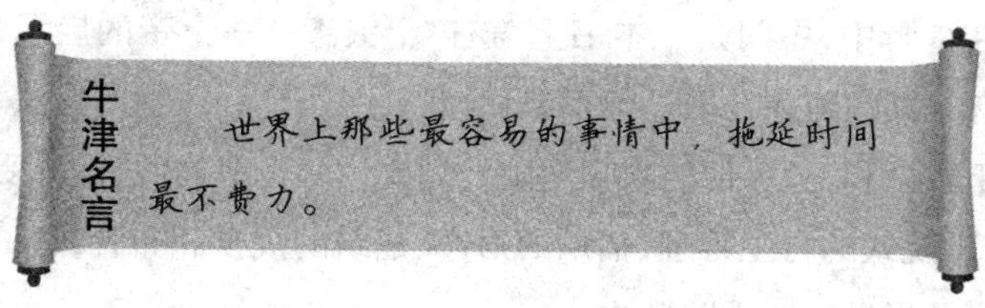

默顿学院(Merton College，Oxford)的创立可以追溯到1264年，时任大不列颠大法官(Lord Chancellor)的W·墨顿(Walter de Merton)决定创立一个独立的学术组织并设立基金会、制定相关条例，这也就是默顿学院的雏形。这一条例的特点在于，规定默顿学院是自治的，资金也由院长和院士们直接支配，这正是今天牛津大学多数独立学院的特点。正因如此，默顿学院宣称自己是牛津大学最古老的学院。

1274年，默顿从皇室职位退休，全身心投入学院的建设中。他对学院条例做了最后的修

改，并在牛津城的东南角开始兴建学院建筑。到13世纪末，餐厅、教堂以及学院前庭(Front Quad)的其他部分都顺利完工。700多年来，这里的学术活动一直延续，学院的建筑也不断扩展。时至今日，默顿学院已成为牛津大学学术实力最强、最富有的学院之一。

提起“默顿学院”，一般人肯定不太熟悉。但如果有人告诉你，哈佛大学是从剑桥大学派生出来的，剑桥大学是从牛津大学派生出来的，诱因是当年严重的派别冲突。而默顿学院，则是牛津大学最古老的学院，至今仍经常在牛津大学诸多学院中成绩名列首位。默顿学院实为“大学”之滥觞。

默顿学院学生人数不到1000。

默顿学院门楼上的三角形门楣(1418年)表明了一种思想：施洗者约翰和耶稣在荒野中，中间是一本书上盖有7个火漆——上帝的启示，资助人沃尔特·德·默顿跪在地上。他是温切斯特主教、亨利三世的大法官，他同时服务于教会和王室，他的默顿学院计划要为两个机构服务，并受校长直接管理。学院式的自主管理、捐赠的财产、建筑的规模和布置，这一切让默顿学院成了指导性的学院模式。

默顿学院的楼上图书馆是英国迄今为止仍在使用的最古老的中世纪图书馆之一，里面光线朦胧，还散发着木头和皮革的气味。在这里，我们能感觉到牛津大学古老的气息，比其他的任何地方都浓重。1300年的最早的图书目录分成十二类：赞美诗、《约伯记》、亚里士多德、托马斯·冯·阿奎恩、博纳旺蒂拉、奥古斯丁和其他的基督教早期的神学

家。16世纪中叶，默顿学院约有500册藏书。随着印刷图书的数量大幅飙升，默顿引进了节约空间的拳击场设置，1260年前后，坎特伯雷大教堂图书馆就已经执行这一体系了。书架和墙相垂直，过道两侧的书架之间放置写字台和长凳，像拳击台上一样可以坐在长凳上。牛津大学其他的学院图书馆也采用了这种布置法。楼上图书馆的文艺复兴式装饰和橡木书完成于1589年至1590年。特别重要的书籍用铁链拴在写字台上，部分图书一直拴到1792年。这种铁链拴着的图书馆是从巴黎的索邦大学学来的。那是13世纪最重要的大学图书馆，学生们必须在原地掌握铁链拴住的知识，而他们的教授会将一些珍品从默顿学院的借阅橱里借出去。早在修建图书馆(1371年～1379年)之前就有借阅橱了，由3把锁锁着，只有3名钥匙掌管人全部到场才能将锁打开。默顿学院收藏有350多本中世纪的花体字手稿，最古老的是9世纪奥伊泽比乌斯的《编年史》。现在这座学院图书馆的6万多册藏书早已将楼下的房间占满了。就在从前院士们居住的地方，爱泼斯坦的半身塑像让我们想起了艾略特，这位美国学生1914年从马尔堡大学转到默顿学院，在这里完成了他的哲学论文。

随着学生人数的增多，默顿学院建成了它的第三座也是最大的庭院，院士方庭(1608年至1610年)。这是牛津最早的3层楼建筑，有单独阁楼，是仆人们住的顶楼。该庭院极其对称，正面为古典式列柱布置，出资修建该庭院的人和重新装修老图书馆的人都是亨利·萨维尔男爵，他是一位博学多才的教授，担任默顿学院的院长近40年。萨维尔于1619年设立了两个教席，萨维尔几何学教席和天文学教席，为英国的自然科学革命做出了模范性贡献。早在14世纪，默顿学院就成了欧洲的一个天文学中心，当然也是神学中心。

【学习方式】

牛津大学的教育在于训练学生搜寻和消化信息，进行独立思考，建立自己的观点并为之辩护。带有明显职业训练内容的课程为数极少，然而牛津大学的学生在毕业求职方面却总是最成功的。

英国最古老的植物园

牛津大学植物园是英国最古老和经典的植物园，它犹如一颗绿色的明珠镶嵌于牛津大学中心城的东南角。牛津大学植物园始建于1621年，距今已有390年的历史。

这是大英帝国最古老的植物园，由丹比伯爵兴建，他为此捐赠了5000英镑，按今天的汇率计算相当于500多万欧元。为了让查韦尔附近的沼泽地带不再遭受洪水淹没，他们了堆垒了近4000车的“粪便和肥料”，这是从牛津各学院的厕所里运来的。没有哪座植物园的基础比这座植物园更学院化了，建园证书上赋予了它两个使命：“推广知识，弘扬上帝的事业。”

牛津大学花园原来叫作“药草园”，主要用于培养医科学生，和帕多瓦大学的药草园没有什么区别。后者建于1545年，系同类园林中的第一座。这里长有滇荆芥、茴香、金丝桃、苦艾、金盏花、桃金娘峨参，除药草外还有供植物课使用的标本，按种属分布在花圃里。大学聘请的第一位园丁是不伦瑞克的一名前雇佣兵雅各布·博巴特。他在城里开了一家酒馆，喜欢牵着一只羊在牛津城里散步，每逢过节他就在羊脖子上系上叮当响的小银块。博巴特设计了高墙保护下的花园的核心部分，在南墙根儿建了一个玻璃花房，是英国最早的温室之一。早在1653年，园林爱好者约翰·伊夫林就报道说，在那里，人们“当作一大奇迹似的让他见识了敏感的植物”，也就是不久前刚引进的热带含羞草，它的叶子轻轻一碰就会卷起。

直到18世纪，植物学才发展成为一个独立的学科。作为实习场所、作为大自然活生生的教材，大学花园变得重要起来。在让英国园林成为帝国繁荣缩影的众多植物猎奇者中，有一位是牛津学者约翰·西布索普，是植物学教授和园长。西布索普在36年当中只讲过一堂课，他另有目标。他不断地去爱琴海地区旅行，以确认希腊医生迪奥斯科利德斯早在公

元1世纪就描写过的那600种植物。灯笼花、大蒜芥、水龙骨和假叶树，西布索普差不多把它们全找到了，还将很多移植到植物园里。作为毕生心血，他留下来一部10册的《西布索普植物志》，这是所有植物志中内容最丰富的一部，于他身后问世，迄今仅出版了25套(1806年至1840年)。

【学习方式】

本科生通常花3年至4年时间研习一门单独的学科，如历史或生物化学，并达到相当深度。在相关学科间也可能会有联合课程，如在哲学、政治和经济等学科间，或在数学和计算机学科间。学院负责设计课程、组织课堂讲授和实习课。

该园第一任园长是雅各布·博巴特，植物园中最古老的树就是由他于1645年种的一棵欧洲红豆杉，现代医学发现此类植物中含有的紫杉醇可用于治疗癌症，称其为“治疗癌症的最后一道防线”。牛津植物园主要的功能是支持大学的教学、科研和物种的保存，同时也为家庭绿化进行品种及配置形式的展示。植物园现收集有近8000种不同类型的植物。

植物园由三个部分组成，即由建园初期建成的古老围墙围成的老园、位于老园北部的新园以及温室。老园内呈规则式布局，植物根据其原产地、科属以及经济价值进行分类种植。大部分的植物按科为分类单位种植在长方形的种植床内，这是1884年根据Bentham和Hooker的植物分类系统进行布置的。然而，随着植物分类学的发展，特别是最近10年，由邱园领导的被子植物发展研究小组已经将DNA指纹和电子显微镜的利用加入Bentham和Hooker的数据中。同时，园艺工人在种植床内种植每一种植物时，尽力将植物学的正确性与艺术性相结合。

走出老园，展示在眼前的是布局更为自然的新园。新园比老园更注重厨艺的展示性，其中包含了经典的造园元素，如水生园、岩石园等。首先映入眼帘的是古朴的睡莲池，它嵌建在道路的中央。莲池两边是岩石园，最早建于1926年，几经改造，现在的是20世纪末重新改造的。道路东面和西面则分别展示着欧洲及其他地区的高山植物。穿过果园，植物园最北端为水生园，这里为不同生境的植物提供了适宜的环境，植物生长得郁郁葱葱。在西北古老城墙的外侧，是多种宿根草本组成的花径，即便在盛夏时节，人们也能在这里享受到多年生草本植物带来的视觉盛宴。

牛津大学植物园拥有温室的历史已经超过300年，最早的温室建造于1675年，也是英国最早的温室。老园的西面就是温室区，由7个分区组成，北部由一条狭长的走道相互连接，每个分区内分别展示着高山植物、蕨类植物、睡莲及王莲等水生植物、食虫植物、仙人掌等旱生植物，而最大的棕榈温室收集了各种热带经济植物。

牛津大学植物园是一座历史悠久的植物园，然而它的意义不仅于此。今天，不同年龄、不同背景的人们仍在使用着植物园，每年都有在读大学生到此进行生物学和植物学的学习和研究。作为植物园公众教育和培训的4个培训项目之一，每年有6500名孩子前来参观，饶有兴趣地在温室中寻找椰子、柑橘、香蕉、可可等。此外还有5000名成人参加关于植物学、园艺及造园方面的知识培训。这座古老的植物园依然焕发着蓬勃、富有朝气的生命力。

牛津小百科

牛津大学通过 SOCRATES(ERASMUS)等交换项目与欧洲大学发生联系。同时它还是由 34 所传统欧洲大学组成的 Coimbra 集团中的成员之一。EVROPAEVM 是欧洲重要大学为促进欧洲研究领域的人员和学生进行交换、联合研究、会议和暑期学校而建立的核心联系网，牛津是其成员之一。1997～1998 年度，牛津继续通过 RATES (ERASMUS)项目拓宽同欧洲的联系，39 名牛津学生参加了对外交换项目，同时有 53 名学生交换到牛津来。这项计划也同样致力于促进教学人员的交换，本年度共有 3 名牛津教员交换到国外去。

第三课　耀眼的莫德林学院

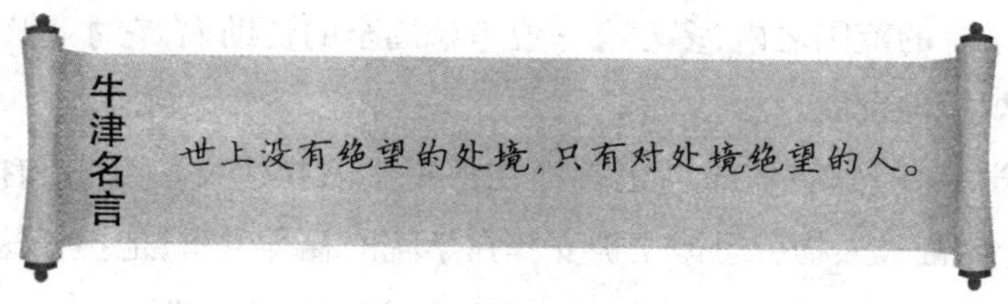

莫德林学院于1458年由威廉·韦恩弗利特创建。供奉的玛丽亚·玛格达伦娜，主要是理发师、大学生和从良妓女的保护女神。韦恩弗利特是温切斯特的主教、亨利六世的大法官、一个肩负教育使命的人。他在牛津上的大学，就读于威克姆的新学院，并仿照它设计了莫德林学院。韦恩弗利特还在他的学院旁边兴办了一所学校，供那些准大学生们学习拉丁语。他还资助16名唱诗班男童。学院唱诗班兴盛至今，从这所学校便可见其端倪。

无论是从基督教堂草地赶来还是沿考利区驱车出城，展现在人们眼前的总是莫德林学院高大的塔楼，鹤立于高街的房顶之上，并在植物园的树梢之上。钟塔有4层，哥特式风格，轻灵飘逸，上有8座小尖塔。在牛津大学所有学院的钟塔当中，莫德林塔是最耀眼的，是“塔中百合”。普林斯顿仿造它的设计不是没有理由的。1509年5月1日，学院举行集会，庆祝这座钟塔的落成，此后该集会就成了牛津大学的民俗节日。早上6点，当唱诗班男童在塔楼上放歌，钟声随即敲响，又有几名大学生从莫德林桥上跳进查

【学习方式】

学生们通过每周的导师制进行深入学习，有时是导师辅导一组学生，有时导师对学生进行单独辅导。导师制教学促使学生对所学科目进行创造性思维，这也是牛津教学体系中最值得称道的地方。

韦尔河，想借此再推动一下他们在牛津大学的成功。此时如果没有莫德林学院，五朔节会变成什么样子呢?

莫德林学院是奥斯卡·王尔德、爱德华八世和戴安娜王妃的哥哥就读的查尔斯·斯潘塞的学院。爱德华·吉本、德斯蒙德·莫里斯、理查德·阿滕伯勒男爵和面色苍白的托利党成员威廉·黑格都在这里学习过。这所学院维持着它过去的高水准，简直看不出有什么变化。建筑物泰然地分布在绿色之中，一切都有条不紊。学院占地将近15公顷，是牛津大学最大的学院。植物园也位于莫德林学院的范围之内，多亏有一位考虑周全的资助人，它才得以在城墙外面大规模地发展。

哲学家托马斯·霍布斯也曾经在那里学习拉丁文的变格和拉丁语。1854年，传奇式人物劳思博士被安葬在学院的礼拜堂里，他担任这所学院的院长长达63年。他的座右铭是:“不断更新你的参数!”

自从1994年以来，在阵亡的莫德林学院成员的光荣榜旁，另外一块牌子上也写着厄恩斯特·斯塔德勒的名字。作为表现派“觉醒”的抒情诗人，斯塔德勒也在牛津作为罗德兹助学奖领取者，他于1906年至1908年在这里完成了他的论维兰德的莎士比亚的论文。两年后他再次回来，结束他在牛津大学的学业，变成一位刚踏上辉煌人生道路的年轻阿尔萨斯诗人和文学评论家。1914年，斯塔德勒在佛兰德尔阵亡，被一颗英国飞弹击中了。纪念碑上刻的是“大诗人学生士兵”，还刻着安热吕·西莱修斯的名言“根本在于人”。

莫德林学院还有条路叫艾迪生道。这条环行道是以散文家约瑟夫·艾迪生的名字命名的。1698年至1711年，艾迪生作为院士在这里享受着那种“想象的欢乐”;后来他又从理论上对这种快乐进行了发挥，成为风景园林运动的倡导者。艾迪生道位于查韦尔河的两条支流之间，并绕莫德林河谷草地拐了一个大弯。道路两旁生长着数百棵树木，黄杨树、橡树、楸树、七

叶树、柳树和山楂树，还夹杂有紫杉、冬青和月桂树，还有那芳香浓郁的香杨树。哪里还有比这更优美的小路任思绪神游呢？

艾迪生道中央的大块绿地是牛津大学的神圣草地之一，只因为其中的一个树种：贝母属植物。4月底，当这种独特的百合灌木绽开它玫瑰紫色的、瓷器一样柔和的花蕾时，整个东北角的草地仿佛都披上了紫色的曼纱。这种棋盘花在英国叫作蛇头花、寡妇花、死人钟或忧伤姑娘，曾经遍布全英国，各地的叫法各不相同。由于河谷草地越来越少，贝母属植物也日渐稀少了。即使面积不是最大的，但最有名的一部分棋盘花正快乐地生长在莫德林草地。

牛津小百科

牛津大学协调着两个与拉美国家间的合作项目：一个是关于经济和社会发展，由拉美中心开展，合作伙伴包括阿根廷、秘鲁、委内瑞拉、巴西、智利、西班牙、荷兰等国；另一个是关于被动移民，由伊丽莎白女王机构组织，成员是拉美和欧洲的 11 所大学。校方同样十分注重发展同中国的联系，牛津与北大签署了学术合作协议。双方都在争取扩大给中国学生的奖学金范围，并发展同大陆、港台大学的学术联系。2009 年度有 200 多名来自中国各地区的学生就读于牛津大学。

第四课　牛津名人榜——英国浪漫主义诗人雪莱

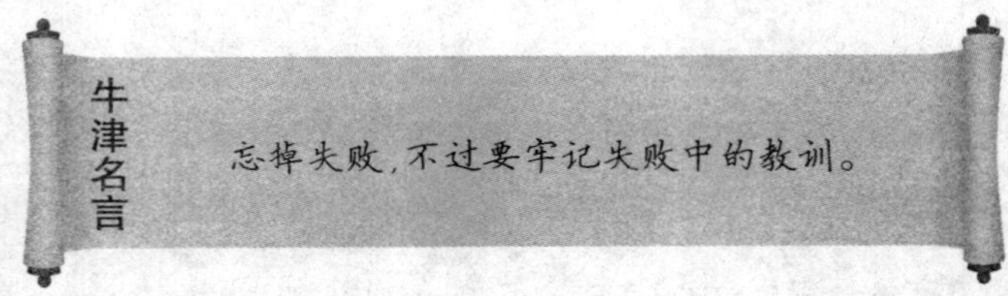

珀西·比希·雪莱，英国浪漫主义诗人，1792年生于苏萨科斯郡一个贵族家庭，12岁被送进伊顿贵族学校受教育，1810年入牛津大学学习，第二年因发表《无神论的必然性》小册子被牛津大学开除，不久到都柏林参加爱尔兰人民的民族独立运动。1813年发表第一部长诗《麦布女王》，抨击封建制度的专横无道和英国资本主义制度的剥削，反映劳动人民的悲惨境遇，引起了英国资产阶级的仇视，1818年被迫侨居意大利。1818年发表长诗《伊斯兰的起义》，借用东方的故事歌颂资产阶级革命，抨击欧洲反动的封建势力。1819年完成诗剧《解放了的普罗米修斯》，诗剧采用古代神话题材，表达了反抗专制统治的斗争必将获胜的信念和空想社会主义的理想。同年完成的诗体悲剧《钦契一家》取材于意大利的历史故事，表达了反抗暴君的思想，是雪莱最具创造性的作品之一。雪莱还创作了《致英国人民》《1819年的英国》《暴政的假面游行》等政治抒情诗，强烈谴责封建统治集团的罪行，号召人民为自由而斗争。雪莱在《云》《致云雀》《西风颂》等抒情诗中，通过描写自然景象寄托自己的思想感情，作品想象丰富，音韵和谐，节奏明快,在英国诗歌史上占有重要地位。

雪莱在1822年7月驾小艇旅行途中,偶遇风暴,溺水于斯佩齐亚海湾,时年30岁。

【学习方式】

牛津大学的本科课程为学生提供了在某个领域进行深入学习的机会。所有的课程都有众多的选择余地,以满足学生不同的兴趣。牛津大学的图书馆、实验室和博物馆都是极佳的学习场所。学生还有机会接触到许多著名的学者。各种各样的学生社团繁荣了学校的文化生活。

人物生平

8岁时雪莱就开始尝试写作诗歌,在伊顿的几年里,雪莱与其表兄托马斯合作了诗《流浪的犹太人》,并出版了讽刺小说《扎斯特罗奇》。

12岁那年,雪莱进入伊顿公学,在那里他受到学长及教师的虐待。在当时的学校里这种现象十分普遍,但是雪莱并不像一般新生那样忍气吞声,他公然地反抗这些,而这种反抗的个性如火一般燃尽了他短暂的一生。

1810年,18岁的雪莱进入牛津大学,深受英国自由思想家休谟以及葛德文等人著作的影响,雪莱习惯性地将他关于上帝、政治和社会等问题的想法写成小册子散发给一些素不相识的人,并询问他们看后的意见。

1811年3月25日,由于散发《无神论的必然》(The Necessity of Atheism),入学不足一年的雪莱被牛津大学开除。雪莱的父亲是一位墨守成规的乡绅,他要求雪莱公开声明自己与《无神论的必然》毫无关系,而雪莱拒绝了,他因此被逐出家门。被切断经济支持的雪莱在两个妹妹的帮助下过了一段独居的生活,这一时期,他认识了哈丽雅特·韦斯特布鲁克(Harriet Westbrook)——他妹妹的同学,一个小旅店店主的女儿。雪莱与这个16岁的少女仅见了几次面,她是可爱的,又是可怜的,当雪莱在威尔士看到她来信称自己在家中受父亲虐待后便毅然赶回伦敦,带着这一身世可怜且恋慕他的少女踏上私奔的道路。他

> **【学习方式】**
>
> 学校欢迎来自不同类型学校和不同背景的学生申请入学。牛津大学的学生来自英国各地和海外。为获准入学的竞争十分激烈,但每一位候选者的个人优点都会经过慎重的考虑。学术成就当然很重要,但导师也同样看重发展潜力、动机和申请者对在牛津大学学习的承诺。

们在爱丁堡结婚,婚后住在约克。

1812年2月12日,同情被英国强行合并的爱尔兰的雪莱携妻子前往都柏林。为了支持爱尔兰天主教徒的解放事业,在那里雪莱发表了慷慨激昂的演说,并散发《告爱尔兰人民书》以及《成立博爱主义者协会倡议书》。在政治热情的驱使下,此后的一年里,雪莱在英国各地旅行,散发他自由思想的小册子。同年11月完成叙事长诗《麦布女王》,这首诗富于哲理,抨击宗教的伪善、封建阶级与劳动阶级当中存在的所有的不平等。

1815年,雪莱的祖父逝世,按照当时的长子继承法,当时在经济上十分贫困的雪莱获得了一笔年金,但他拒绝独享,而将所得财产与妹妹分享。这一年除了《阿拉斯特》之外,雪莱较多创作的是一些涉及哲学以及政治的短文。

同年11月,雪莱的妻子投河自尽,在法庭上,因为雪莱是《麦布女王》的作者,大法官将其两个孩子的教养权判给其岳父,为此,雪莱受到沉重的打击,就连他最亲密的朋友都不敢在他的面前提及他的孩子,出于痛苦及愤怒,雪莱写了《致大法官》和《给威廉·雪莱》。雪莱与玛丽结婚,为了不致影响到他与玛丽所生孩子的教养权,雪莱携家永远离开英国。

次年5月,雪莱携玛丽再度同游欧洲,在日内瓦湖畔与拜伦交往密切。这两位同代伟大诗人的友谊一直保持到雪莱逝世,雪莱后来的作品《朱利安和马达洛》便是以拜伦与自己作为原型来创作的。

1818年至1819年,雪莱完成了两部重要的长诗《解放了的普罗米修斯》和《倩契》,以及其不朽的名作《西风颂》。《解放了的普罗米修斯》与《麦布女王》相同,无法公开出版,而雪莱最成熟、结构最完美的作品《倩契》则被英国的评论家称为“当代最恶劣的作品,似出于恶魔之手”。

1821年2月23日,约翰·济慈逝世,6月,雪莱写就《阿多尼》来抒发自己对济慈的悼念之情，并控诉造成济慈早逝的英国文坛以及当时的社会现状。

1822年7月8日，雪莱乘坐自己建造的小船“唐璜”号从莱杭渡海返回勒瑞奇途中遇风暴，舟覆，雪莱以及同船的二人无一幸免。按托斯卡纳当地法律规定，任何海上漂来的物体都必须付之一炬，雪莱的遗体由他生前的好友拜伦及特列劳尼以希腊式的仪式来安排火化，他们将乳香抹在尸体上，在火中撒盐。次年1月，雪莱的骨灰被带回罗马，葬于一处他生前认为最理想的安息场所。

婚姻情况

雪莱的婚姻一开始就被他的敌人当作最好的武器来攻击他。当那些富于浪漫的骑士精神经过理性的冷却，他那场仓促的婚姻中较为真实的一面随着两个人的成长开始显现。雪莱不得不承认婚姻并没有救助他的妻子，婚姻只是将两个人绑在一起来承受另一种折磨。在精神上、感情上，两个人之间的差异越来越大。这一时期，雪莱结识了葛德文的女儿玛丽·葛德文（Mary Wollstonecraft Godwin，1797—1851），即著名女作家Mary Shelley，他们相爱了，出走至欧洲大陆同游，他们对于爱情和婚姻的理想纯洁到连最严苛的批评家也无法置喙。雪莱死后，玛丽为他的诗全集编注。

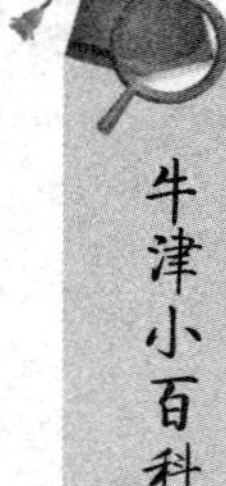

牛津小百科

牛津大学吸引了世界 100 多个国家和地区的好几千名海外留学生，其中包括来自中国大陆、港澳台地区以及世界各国的华裔学生，攻读数学、物理、生化、医疗、工程、电子计算机、法律、考古地理、社会学、艺术史和妇女研究等学科。根据近几年的情况，来自中国的申请学生中，录取比例可达到 7：1，学科集中在 MBA、工程学、经济、计算机、数学和统计及法律等。

第四章　历久弥新的办学模式

牛津大学的办学理念要追溯到 19 世纪中叶，其中最有名的代表人物便是牛津大学的教育学家约翰·亨利·纽曼提出的基本大学理念：大学是探索普遍学问的场所，是传授普遍知识的场所。纽曼的大学理念实际上就是牛津大学的办学理念。

第一课　自由教育思想的传统

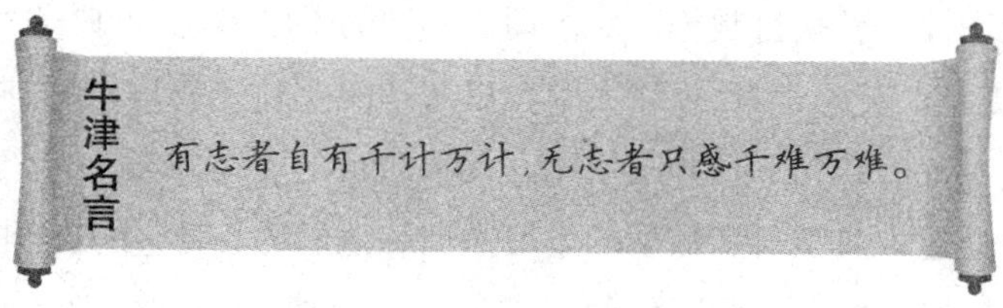

整个西方教育的传统在某种意义上讲就是自由教育的传统。16世纪初，文艺复兴时期的人文主义教育思想传入英国，与其独特的政治和社会结构相结合，从而形成了独具英国本土特色并影响至今的自由教育思想传统。

尽管随着时代的发展与科技的进步，社会对大学提出了新的要求和期望，但牛津大学坚守自由教育思想，并丰富和发展了其深刻的内涵。因此，现今依然主导着牛津大学的自由教育思想传统

无疑已具有了鲜明的时代特征。自由教育思想对牛津大学的影响主要体现在心智的训练、德性的养成以及精英式的培养上。

心智的训练

毕业于牛津大学并担任牛津大学奥里尔学院院士的英国教育家纽曼认为,自由教育的核心是心智的训练,是心灵的普遍培养,这是大学最为根本的特性和本质。他指出:“从本质上讲,自由教育仅仅是心智的训练,因此它的目的不是别的,恰恰就是培养卓越的心智。”在纽曼看来,人类的心智在未经训练之前是粗糙的、不成熟的和幼稚的,因此,心智和身体一样需要培养。经过良好培养的心智在人的身上会表现为健全的见识、清晰的思想、理性、公正、自制等。对于训练心智的手段来说,古典学科知识是最好的工具。英国学者、牛津大学奥里尔学院院长爱德华·考普斯顿(Edward Copleston,1776—1849)也指出:大学的目的不是培养一个行业的人才,而是通过古典学科和数学的学习来训练他们的心智,使其能够适应不断变化的社会,胜任不同职位的工作。其中,古典学科和数学是训练心智的最有效工具。但是,无论希腊文法,还是数学定理,都属于高深的学问,要掌握它们就必须付出非常艰苦的努力。

自中世纪以来,牛津大学所开设的课程,从“七艺”、古典学科到现代人文学科,无不体现了自由教育思想。尽管两次世界大战后,牛津大学从单一人文学科的大学转变成为文理学科并重的大学,但传统自由教育思想依然无处不在。例如在牛津大学50个本科生专业学科中,占压倒优势的学科是学术性的,例如,神学、古典学、历史、地理学、哲学、政治学、经济学、语言学和东方学等。在自然科学专业中,也主要是以基础性学科为主,例如数学、物理、化学、生理学、心理学、地球科学和生物学等。而与生产和工业实际有关的应用学

【学习方式】

牛津大学每年为个人、职业组织和工业公司提供数百个短期或非全日制课程。主要目的是适应个人或社会发展,以及职业和技术更新。这些课程的绝大部分由继续教育部提供。它从学校其他系和学院抽取教学人员,所提供的课程涉及牛津大学所教授的绝大多数科目。

科则寥寥无几。而且,这些人文学科和社会学科都是具有优势的学科。此外,受到自由教育思想家有关"通才教育"理念的影响,从维多利亚时期起,牛津大学就非常重视把学生培养成知识面较宽并能触类旁通的"博学家",而不主张学生仅仅成为某个特定领域的专家。现今,牛津大学所设置的一些联合学科专业也正是这种理念的延伸。

德性的养成

自由教育作为一种良好的社会成员的训练,其目的是培养绅士。正如纽曼所强调的:"自由教育并不是培养基督徒,也不是培养天主教徒,而是培养绅士。作为一位绅士,他具有受过良好培育的心智,文雅的举止,正直、公正而不带偏见的心理,以及高尚和谦恭的生活行为。"由此,纽曼认为,牛津大学的学院制和导师制对培养理想人格具有重要的作用。

正是在这种思想的影响下,牛津大学每个学院自创立起就是一个独立自治的组织,有独立的财政、管理机构和院规,为师生提供一应俱全的学习和生活设施。它实际上是一个完整的模拟的上层社会。年轻的学生来到大学求学,学院就成为他们物质生活和精神生活的家园。在这样一个学院制的环境中,学生在导师的指导下养成德性。纽曼对学院功能做出了这样的概括:学院是一个稳

【学习方式】

非全日制课程的参加者通常居住在牛津方圆60英里的区域以内，而寄宿制课程，时间从两天到10周不等，可从全国乃至国际范围内招收学员。大多数课程以开放的形式招收学员，但也有些课程是为满足特殊需求开设的。能够获得学校奖励的课程数目在增加，现已有数种硕士课程向兼职学生开放。

定有序的场所，并不一味追求、传授和扩展知识；学院要求的是服从、谦逊、勤勉、忠诚和相互扶持等，并建立一种持久的关系；学院导师提供问答式的教育；学院从事的是德性的塑造、心智的培育、个体的发展，致力于文学、古典学科以及入门的科学教育……在他看来，在人文高雅的学院环境里，学生与导师朝夕相处，潜移默化，其情操得以陶冶，心灵得以净化，学院因而成为他们“最美好感情的神龛，贮藏最美好记忆的殿堂”。

在牛津大学的导师制建立初期，导师的职责是监督约束学生的行为规范，承担着家长的责任。后来，导师的责任扩展了，不仅要关心学生的生活，负责学生的道德品行养成，而且要负责指导学生的学业，以问答式的方法检查学生的学习状况和效果。因此，学院制下，导师是学院的核心。导师的言传身教和人格魅力对学生的影响极为深远，师生之间形成了亲密无间的师友关系。很多导师与学生建立的友情成为学生终身的“牛津情节”。学生养成了大学所期望的理想人格，成为社会所需要的栋梁之材。

精英式的培养

自由教育从一开始就是一种社会上层阶级的教育。随着社会和时代的发展，接受自由教育的人有所变化，但自由教育主要还是为社会培养精英人才。中世纪至今，牛津大学一直都被誉为“政治家的摇篮”，足以说明自由教育思想传统对牛津大学的影响。英国哲学家伯特兰·罗素在谈到牛津大学和剑桥大学时就这样指出：“它们特别适合一流人才。”牛津大学精英式的培养模式主要体现在三个方面：优秀学生的选拔、导师制教学和精英教育的环境。

牛津大学以其悠久的教育历史和卓越的学术成就赢得了社会的公

认。2009年,在为考生提供的2009年英国优秀大学排名榜上,牛津大学已连续8年位居榜首。报考牛津大学的竞争异常激烈。牛津大学也制定了严格的入学标准和筛选程序,其目的就是要将最优秀的学生招入自己麾下。这本身就是一种精英人才的选拔。入学标准的第一个条件就很高,即申报者必须在普通教育证书高级水平考试中有3门课程都达到“优秀”或两个“优秀”和一个“良好”。接着,牛津大学会对所有申报者进行初步筛选,一些专业还要求加试笔试,其他专业直接进行面试。加试的笔试都是主观题,主要是测试考生的阅读理解能力、分析能力、反应能力和写作能力。面试由两名以上的导师负责,主要内容是考查考生所选专业的知识,不是已学的知识,而是更高层次的、学生完全不懂的知识。面试形式与考生入学后在牛津大学的日常导师教学形式相同。面试时,导师对考生的知识考察并不是最重要的,考察他们的学习能力和接受能力才是真正的目的。如果考生申报的专业是双学科专业或三学科专业,面试时就会增加相关专业的导师。考生一旦录取,参加面试的导师一般都将成为他们入学后的导师。从整个招生选拔程序来看,这样的筛选非常耗时、耗力、耗成本,但可以确保最优秀的学生进入牛津大学学习。对此,牛津大学副校长考林·卢卡斯指出:“最好的学生和最好的教授来到这里,这是牛津可以经历这么多年生存下来的原因。”

为了确保这些被录取的优秀学生在牛津大学获得最好的教育,牛津大学不仅为他们提供了良好的学习和生活设施,而且为每个学生指派了一名导师,负责他们大学学习期间的学业

【学生服务】

牛津大学学生会的存在是为使学生的观念协调一致，把学生的兴趣提升到大学水平。它向学生提供范围广泛的服务，包括为学生代言，组织有计划的活动，学生福利和学生服务等。

发展和身心健康。这本身实际上就是一种精英教育的教学模式。在导师制教学下，导师首先关注的是学生心智的训练和培养。导师都会为本专业的学生列出一个阅读书目清单，要求学生按照进度对一系列问题展开阅读和思考，并提交相关的论文。每次见面时，导师会通过问答的方式与学生展开讨论和进行交流。导师其次关注的是学生对学习知识的理解。通过师生互动，导师会为每个学生在学习理解上提供更多的自由空间，以培养他们的探索和创新精神。这就是人们常说的“牛津教你有中之无”的内在含义。尽管这种教育模式的成本很高，但导师制作为一种精英培养模式在牛津大学一直传承至今，并成为牛津大学人才培养的魅力和特色所在。

牛津大学为培养精英人才提供了一流的教育环境。2009年，英国优秀大学排名榜对大学评价的8个考核指标中，在教育服务和设施这一项上，牛津大学在英国大学中名列第一，而且学生的满意度得分也是最高的。在学院制的牛津大学，学生入学后各个学院就成为他们的归宿。每个学院都为学生提供了一个安定宽松的学习和生活环境，宿舍、食堂、图书馆、教室、计算机房、公共活动室、礼拜堂和运动场等各种设施一应俱全。在每个学院，不同学科和专业背景的教师和学生一起生活，经常接触交流，既能够相互启发、激发灵感、开阔视野、共同提高，也能培养相互尊重的品德。学院对一些文化传统也非常重视，例如，入学仪式、毕业典礼以及学院重要场所悬挂历代名人画像等。

因此，任何一个新来的学生步入学院内都会感受到文化传统的震撼。在这样一个浓重的文化传统氛围熏陶下，学院的师生有强烈的归属感。应该说，这种教育环境对于学生完善自己的人格、养成严谨的学术作风和成为精英人才是极为有益的。

除学院环境外，牛津大学还为精英人才的培养提供了更加丰富而优质的文化资源和教育资源。牛津大学充满着浓厚的人文精神和探究的学术氛围，堪称世界一流的图书馆、博物馆、植物园、天文台、剧院和音乐厅以及科技园、实验室、计算机设施和网络系统为学生提供了最好的学习和研究环境。众多的社团以及各种课外活动还为学生提供了了解社会、发展个性、开阔视野、陶冶情操以及交流合作的机会。正是因为有了这种精英教育的环境，牛津大学成为英国乃至世界各国众多学子向往的学术殿堂。

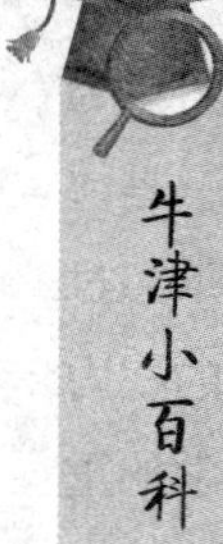

牛津小百科

牛津由于其日渐增长的高昂学费，只有大约3%的本科生可以自行支付所有的学费，80%的学生要在家长和助学贷款的帮助下才能完成学业。另外，17%的学生将有权享受牛津大学提供的经济资助。为帮助学生顺利完成学业，牛津大学同时提高了助学贷款的数额。那些经济困难的学生将每年可以从校方获得高达1万英镑的助学金。

第二课 “小大学”的内部管理机制

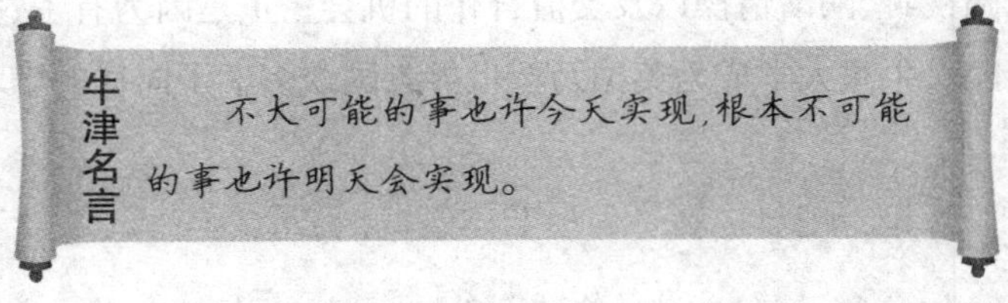

牛津大学留给英国高等教育的特色遗产之一，就是以小规模组织为特征的“小大学”的精英教育。所谓“小大学”的概念，有两层含义：一是大学的规模小。20世纪初，牛津和剑桥这两所大学的学生总数加起来不超过9000人，这个数目还要在许多寄宿制学院之间进行分配。二是大学的权力小。牛津大学与其学院实行的是分权制，彼此各司其职。学院是大学的重心和权力之所在，大学只是众多学院的集合体。学院不仅是独立的自治组织，拥有自己的管理机构和院规，而且其成员担任着大学众多委员会的成员，左右着大学的决策过程和管理效率。在这个意义上，大学的权力“变小”了。但是，在这一基础上形成并运行了几百年的大学和学院分权制的内部管理机制，不仅使牛津大学确立了世界一流大学的地位，而且作为一种独特的管理模式在世界高等教育体系中占有一席之地。难怪在牛津大学留学过的我国近代语言文学家林语堂先生会发表这样的感叹：“牛津大学是理论上很有毛病的一种组织。所奇怪者，这种理论上很有毛病的组织，仍能使学者达到大学教育最纯正的目的，仍能产生一种谈吐风雅、德学兼备的读书人。”

【学生服务】

服务项目包括：一间备有关于职业、雇主、工作、研究生学习、国内和海外的学习与工作的详细信息的资料室；上学期间的讲座和培训项目；一系列假期工作，包括一个专为牛津学生获取工作经验而设立的项目；每周直接向学生发送的空职简报；名就业顾问提供的建议以及一个电脑化的就业指导系统。学生对这些服务的使用率很高，85%的学生在最后一年期间都使用过该系统。

复杂的管理结构

牛津大学的管理结构非常复杂。如果仅凭其颁布的法规和条例，很难得出其实际运作的情况。作为一个学院制大学，学院是牛津大学的中心；与此同时，牛津大学又是一个自主和自治的实体，两者之间的分工比较明确。但是，一旦运作起来，学院和大学两者之间在人员、行政管理、教学、科研、设施服务等方面出现重叠和交叉，形成了一个庞大复杂的、不可分割的有机整体。

从理论上讲，评议会是牛津大学的最高立法机构。然而，随着1966年《弗兰克斯报告》的出台，评议会失去了最重要的立法功能，成为一个虚设的机构。其现今的职能是：选举牛津大学校长和诗歌教授。其成员包括所有牛津大学的毕业生以及全校教职员大会的成员。对于这样一个机构，牛津人是这样说的：“拥有一个纯学术协会的重要性在于：大学可以拥有更多的见证者，可以论证大学行动的合理性。毕业生参与评议会可以加强非住校毕业生与他们所属大学之间的关系。”

全校教职员大会是牛津大学最高的立法机构。其成员主要来自大学的管理层、学科部、各学院、永久学堂以及其他法定机构的人员。其主要职能是：批准、修改或废除大学的相关法令；授予学位；履行大学法令或条例赋予的职责或权力；任命副校长以及讨论并通过相关决议；等等。除颁发荣誉学位时由校长主持外，其他场合均由副校长主持全校教职员大会。关于该大会的作用，牛津人认为，这是一种民主的体现，是绝对不能缺少的。

校务管理委员会

校务管理委员会是牛津大学的主要管理机构，由25人组成。其主要职能是：制定大学的学术政策和战略发展目标，依法对大学的行政、财务和资产行使管理权，执行全校教职员大会通过的各项决议以及代表大学行使法令赋予的权力和职责等。校务管理委员会是通过5个主要常设委员会来运作的，分别是教育委员会、总务委员会、人事委员会、计划和资源分配委员会以及科研委员会。这5个委员的成员构成、一般受委托事项、权力和责任均由校务管理委员会依法制定。由于校务管理委员会的成员都来自大学的各个单位和机构，代表着不同的利益，因此，校务管理委员会在很大程度上是一个执行和协调机构。

学科部和继续教育部

牛津大学的教学活动划分为4个学科部，分别是人文科学，数学、物理和生命科学，医学，社会科学。4个学科部共下辖27个学科分部(faculty)。每个学科分部又下设若干个次分部、系和专业。每个学科部成立一个学科部委员会(divisional board)，委员会主任先由一个选拔委员会推荐，再由校务管理委员会任命。学科部的主要职能是：与学院、学堂、学会(Society)以及其他教学单位和机

构一起，负责课程的组织、开发和讲授以及科研的管理工作；制定为期5年的综合战略规划和为期一年的教学、财政、信息和传播技术、人员安排和后勤保障等执行计划；负责管理学科部下设单位的预算、教学用地、教学大纲和人员配备；定期检查一些教学单位；批准由下设教学单位聘请的教学人员以及系主任人选及相关事项；等等。由于4个学科部的工作范围和职责不尽相同，每个学科部的工作量繁多而庞杂。人文学科部管辖12个学科分部；数学、物理和生命科学学科部管辖10个学科分部；医学学科部管辖4个学科分部；社会学科部管辖13个学科分部。每个学科部委员会的成员除主任外，分别来自所管辖的学科分部、次分部、系和专业，委员人数不等，主要是根据教学单位工作性质和数量而定。每个学科分部、次分部、系和专业都设有自己的管理委员会。

牛津大学的继续教育部(Department of Continued Education)隶属于继续教育委员会，其成员构成、职能以及权限由校务管理委员会确定。除医学研究生教育之外，继续教育部需要与大学的学科部及其他机构合作，开展继续教育活动。

学院层面的管理机构

从历史上看，大学是先于学院而存在的。然而，随着学院发展成为教学中心，大学的重要性逐渐降低，最后大学仅仅成为学院集合体的名称。因此，没有学院，牛津大学"只是一个空壳、一排纪念碑而已"。从牛津大学创建之初，每个学院都拥有特许状和院规，完全是一个独立的自治机构。牛津大学现今的38所学院都有自己的管理机构，负责管理学院的教学、财政、住宿内务以及教学文化设施等。

【学生服务】

牛津大学的信息技术设施：牛津大学在应用因特网进行教学、研究和图书馆管理方面处于领先地位。为改善因特网的设施和服务，牛津大学使用一种分散的计算机分布策略。多数自然科学系都有自己的联系广泛的计算机资源，其中有些功能非常强大，同时还有相当数量供教师和学生使用的个人电脑。

由于各个学院情况有差异，其管理机构以及人员配置也不尽相同。例如,默顿学院的主要管理机构是学院管理委员会(Governing Body),院长是由导师选举产生的。学院管理委员会由院长和院士组成。学院院士包括导师、研究院士(research fellow)、学院管理人员和教授院士(professorial fellow)。在学院中,院士占主导地位。管理委员会每学期召开3次会议。在一些讨论公开议题的会议上,本科生代表和研究生代表也可以参加。

学院管理委员下设一系列常务委员会,主要包括:院长和导师委员会(Warden and Tutors Committee),主要负责制定和实施有关学生学习、学院设施的使用以及纪律等方面的条例;总务委员会(Domestic Committee),负责学院的内务管理,包括学生的建议、要求和投诉;财务委员会(Finance Committee),负责学院的财务管理,包括学生收费等;联合委员会(Joint Committee),负责解决学生提出的有关学院和管理人员的问题。

牛津小百科

牛津大学的组织相当复杂而难懂。这主要因为"大学"一词,对牛津人而言,有异于一般所了解的含义。英国人称之"牛津大学城"(The Univer-sity of Oxford),才符合事实。在牛津的地图上,找不到一个大学校园的固定地界,倒是散见各区不同学院。在牛津,若要问:"牛津大学在哪里?"必定没有人答得出来。英国人,一提起牛津时,要把头抬高,仰起脸,庄重地念着"Ox-Ford",那个O字要圆而重,才能表示尊重,才是对学术的敬意。牛津大学是一所独立自治的学府,由40个学院(colleges)以及7个永久性私人学堂(halls)组成。

第三课　多学科交叉教学

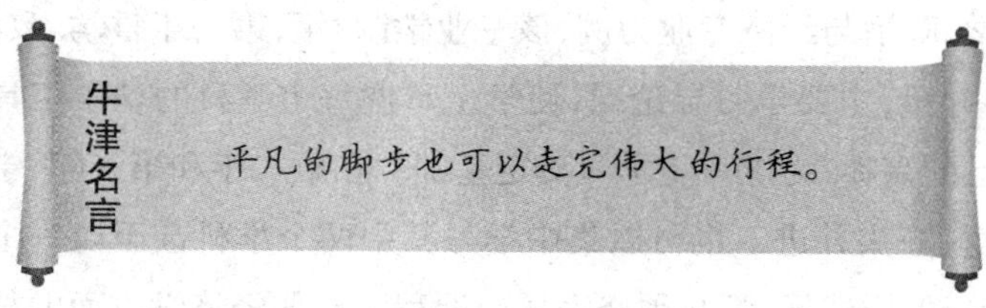

1914年以前,牛津大学培养的精英人才大多数都进入了统治阶层,成为政治精英，这与牛津大学的历史传统以及以古典学科为主的课程内容不无关系。虽然19世纪中期后牛津大学在内外压力下也进行了一系列改革,增加了自然科学课程,设立了自然科学教授职位,但与欧洲大陆其他大学相比,这些改革几乎无足轻重。然而,随着第一次世界大战的爆发,牛津大学经受了前所未有

的外在压力，从内部进行彻底反省和改革，在自然科学和科研方面做出了很大努力。因此，到1939年时，向文理学科并重大学转型的牛津大学培养了一批又一批知识精英。这些知识精英不仅为牛津大学带来了巨大的荣誉，而且推动了牛津大学在各个学科领域的发展，开始具有世界一流的学科水平，并带来了世界一流的科研成果。

牛津大学的课程设置有着别具特色的专业体系和多样化的课程体系。牛津大学的学生一入学就要选定专业，该校现设50种专业，有些专业是单学科的，如生物科学、化学、计算机科学等；有些则是跨学科的综合性专业，如考古学与人类学、生物化学、分子学与细胞学等。由于专业性质、学科范围、修业年限不同，各个专业的课程计划有很大的差异。以颇受欢迎的哲学、政治与经济专业为例，该专业学制3年，第一年哲学、政治、经济3个学科并重，主要学习导论课，使学生掌握每个学科的基本工具、方法，发展自己的兴趣，为进一步学习奠定基础。在第二年和第三年，学生仍可以3个学科齐头并进，也可以集中学习其中两个学科甚至以一个学科为主，但无论怎样选择，都必须修完核心课程。比如经济学方面的核心课程是宏观经济学和微观经济学两门课程。在核心课程之外，导师会指导学生选修一些课程。但是，核心课程和选修课加起来必须达到8门。若是3个学科并进者则修习3个领域的5门核心课程和3门选修课。

学院为不同学科学生的交流提供场所。据浙江大学一位研究土木工程的访问学者介绍，比如在土木工程这个学科领域越研究越狭窄，研究的路子很难走的时候，学科交叉的发展，又给这一学科研究提供了新的思路。殊不知，土木工程结构的文章出现在世界有名的生命科学杂志里，甚至在DNA的文章中出现，因为都是研究“结构”问题，只是自然结构与人为结构的差异而已。据说这一“发现”是一个学院不同专业的学生坐在一起吃饭聊天时突然产生的灵感。自然科学尚且如此，社会科学就更不用说了。在

【学生服务】

学校也特别为文科学者装备了联网的个人电脑。这些电脑使广大师生可以通过桌面的方式直接进入并使用各系、校中心、图书馆和因特网上的资源。学校的每一所建筑、每一所学院都联入了校园网。

牛津大学，申报文科类博士非常不易，尤其对欧盟以外国家的学生，因为与导师课题经费有关。比如有一中国女孩，北大本科德语专业毕业，自费到牛津读商业经济硕士专业，然后申请了工程系中类似于物流专业的博士学位研究生。由此可见，不仅是社会科学研究在吸引自然科学的人才，自然科学研究也在吸纳社会科学人才。

频繁多样的讲座和讨论课。每当新学期伊始，各个专业和学院都有一份打印好的讲座课和讨论课的时间安排表，并同时都公布在网上，对全校师生开放。任何人都可以自由地选择任何一门感兴趣的讲座和讨论课，中午吃饭时间有讲座和讨论课，尤其是下午4点到5点之间。在牛津街头，可以看见一群教师模样的人，一手拿着长柄伞，一手拿着公文包，行色匆匆地朝某一方向走去，大体可以判断，他们是去参加讲座和讨论课的。每当一个讲座完毕，不论是导师还是学生，不论是高年级还是低年级，都可以自由发言、平等讨论。此外，还有专门的讨论课，其海阔天空的议题和议论是很吸引人的。牛津出了许多有影响的政治家，与牛津崇尚雄辩的传统有关，而辩论的气氛可以出现在任何可以自由发言的场合。

牛津小百科

牛津大学特设就业服务部向学生提供综合全面的就业服务，所有本科生和研究生于在校期间和离校 4 年内都可利用。就业服务部为牛津在校或刚毕业学生的职业选择提供多方面信息，特别是对现有机会的评价、鉴别，对所需能力和技能的调查研究；加深学生对自己价值观和兴趣的了解，认识并进一步发展学生的能力，系统规划并实现学生早期的职业计划，提供给他们可能的职业选择等。这是英国最早建立，同时也可能是资源最丰富的大学职业服务部。

第四课　牛津名人榜——英国经济学家亚当·斯密

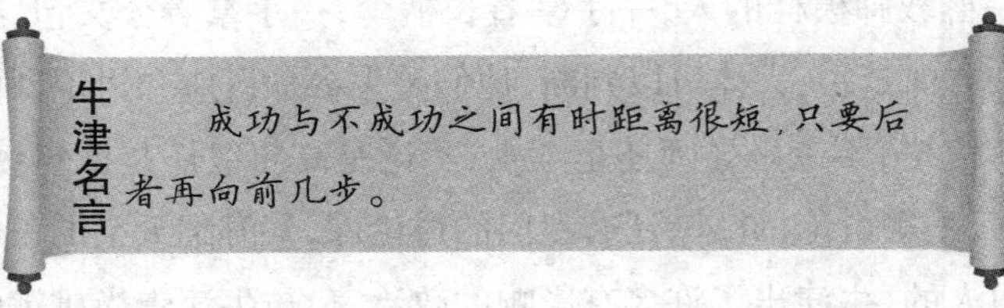

亚当·斯密（1723—1790）是经济学的主要创立者。1723年亚当·斯密出生在苏格兰法夫郡的寇克卡迪。亚当·斯密的父亲也叫亚当·斯密，是律师，也是苏格兰的军法官和寇克卡迪的海关监督，在亚当·斯密出生前几个月去世；母亲玛格丽特（Margaret）是法夫郡斯特拉森德利（Strathendry）大地主约翰·道格拉斯（John Douglas）的女儿，亚当·斯密一生与母亲相依为命，终身未娶。

亚当·斯密常想事情想得出神，丝毫不受外物干扰；有时也因此发生糗事，例如：亚当·斯密担任海关专员时，有一次因独自出神将自己公文上的签名不自觉写成前一个签名者的名字。亚当·斯密在陌生环境发表文章或演说时，刚开始会因害羞频频口吃，一旦熟悉后便恢复辩才无碍的气势，侃侃而谈；而且亚当·斯密对喜爱的学问研究起来相当专注、热情，甚

至废寝忘食。

人物生平

1723年至1740年间，亚当·斯密在家乡苏格兰求学，在格拉斯哥大学(University of Glasgow)时期亚当·斯密完成拉丁语、希腊语、数学和伦理学等课程；1740年至1746年间，赴牛津学院(The Oxford Academy)求学，但在牛津并未获得良好的教育，唯一收获是大量阅读许多格拉斯哥大学缺乏的书籍。1750年后，亚当·斯密在格拉斯哥大学不仅担任过逻辑学和道德哲学教授，还兼负责学校行政事务，一直到1764年离开为止；这时期，亚当·斯密于1759年出版的《道德情操论》获得学术界的极高评价。而后于1768年开始着手著述《国民财富的性质和原因的研究》，简称《国富论》。1773年，《国富论》已基本完成，但亚当·斯密多花3年时间润色此书，1776年3月此书出版后引起大众广泛的讨论，影响所及除了英国本地，连欧洲大陆和美洲也为之疯狂，因此世人尊称亚当·斯密为“现代经济学之父”和“自由企业的守护神”。

1778年至1790年间，亚当·斯密与母亲和阿姨在爱丁堡定居，1787年被选为格拉斯哥大学荣誉校长，也被任命为苏格兰的海关和盐税专员。1784年，斯密出席格拉斯哥大学校长任命仪式，因亚当·斯密之母于1784年5月去世，所以迟迟未上任；直到1787年才担任校长职位至1789年。亚当·斯密在去世前将自己的手稿全数销毁，于1790年7月17日与世长辞，享年67岁。亚当·斯密并不是经济学说的最早开拓者，他最著名的思想中有许多也并非新颖独特，但是他首次提出了全面系统的经济学说，为该领域的发展打下了良好的基础。因此完

全可以说,《国富论》是现代政治经济学研究的起点。

但是如果自由竞争受到阻碍,那只“无形的手”就不会把工作做得恰到好处。因而亚当·斯密相信自由贸易,为坚决反对高关税而申辩。事实上他坚决反对政府对商业和自由市场的干涉,他声言这样的干涉几乎总要降低经济效率,最终使公众付出较高的代价。亚当·斯密虽然没有发明“放任政策”这个术语,但是他为建立这个概念所做的工作比任何其他人都多。

有些人认为亚当·斯密只不过是一位商业利益的辩护士,但是这种看法是不正确的。他经常反复用最强烈的言辞痛斥垄断商的活动,坚决要求将其消灭。亚当·斯密对现实的商业活动的认识也并非天真幼稚。《国富论》中记有这样一个典型观察:“同行人很少聚会,但是他们会谈不是策划出一个对付公众的阴谋,就是炮制出一个掩人耳目提高物价的计划。”

亚当·斯密的经济思想体系结构严密、论证有力,使经济思想学派在几十年内就被抛弃了。实际上,亚当·斯密把他们所有的优点都吸入了自己的体系,同时也系统地披露了他们的缺点。亚当·斯密的接班人,包括像托马斯·马尔萨斯和大卫·李嘉图这样著名的经济学家对他的体系进行了精心的充实和修正(没有改变基本纲要),今天被称为经典经济学体系。虽然现代经济学说又增加了新的概念和方法,但这些大体说来是经典经济学的自然产物。在一定意义上来说,甚至卡尔·马克思的经济学说(自然不是他的政治学说)都可以看作是经典经济学说的继续。

【学生服务】

基本上,英国学士以上的学位可依进修的方式加以区分:一种是经由课程的修习而得(by courses),包括证书(certificate)、文凭(diploma)及硕士学位;另一种则是以论文研究为主(by research),包括硕士及博士学位两种。

著作背景

1723年亚当·斯密出生在苏格兰法夫郡(County Fife)的寇克卡迪(Kirkcaldy)。当时的英国可以说是欧洲的先进资本主义国家。不仅是世界贸易的中心国,还是领先其他国家的工业国。18世纪前期,欧陆的法国和德国尚停留在幼稚的封建的家庭工业,或独立手工业的阶段，仍然以这种方式来支配生产。但英国却不然，已经步入资本主义初级阶段，所谓工场手工业已在国内各大都市筑下根基。

中世纪的家庭工业或独立手工业，工人是分散在各家各户，个人在全体作业过程中不过是一个孤立的劳动者。工厂制手工业却是许多的工人在一个工厂劳动，在一个资本家的指挥命令下，使用简单的工具，从事分工的作业。一直到1760年以后发生了产业革命，使用机械的大工业出现为止，在产业革命前，英国全国各地所实行的，仍然是这种资本主义前期的工厂制手工业。

这位举世闻名的古典派经济学的巨匠亚当·斯密，生在工厂制手工业和机械制大工业的过渡时期。他的功绩就是把当时零星片段的经济学学说，经过有体系的整理，使之成为一门分门别类独立于哲学的大学问。

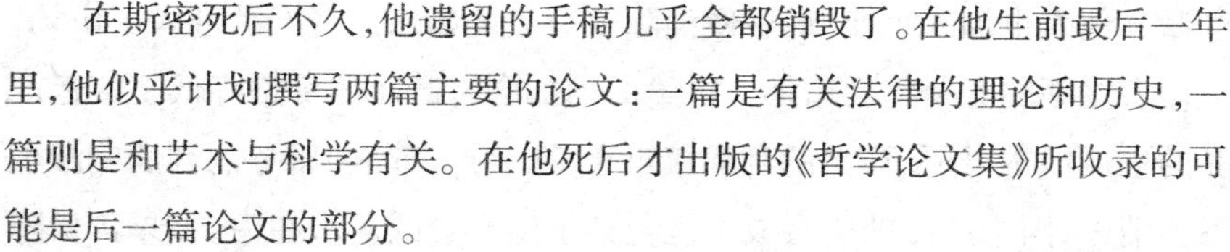

在斯密死后不久，他遗留的手稿几乎全都销毁了。在他生前最后一年里，他似乎计划撰写两篇主要的论文：一篇是有关法律的理论和历史，一篇则是和艺术与科学有关。在他死后才出版的《哲学论文集》所收录的可能是后一篇论文的部分。

《国富论》一书是斯密最具影响力的著作，这本书对于经济学领域的创立有极大贡献，使经济学成为一门独立的学科。在西方世界，这本书甚至可以说是经济学领域最具影响力的著作。《国富论》一书成为针对重商主义（认为大量储备贵金属是经济成功所不可或缺的理论）最经典的反驳，在这本书于1776年出版后，英国和美国都出现了许多要求自由贸易的声浪。这些声浪还认为当时经济的艰难和贫穷是因为美

【学生服务】

牛津大学以研究为主的硕士学位，其研习期间至少需时两年，博士学位为期至少3年。换言之，至少需要在学校注册3年，始能提交论文。若系原以硕士学位为目标，而后攻读博士学位者，其硕士学位研习期间往往也可合并计算。

国独立战争所造成的。不过，并非所有人都被说服相信了自由贸易的优点,英国政府和议会依然继续维持重商主义多年。

《国富论》一书也否定了重农主义学派对于土地的重视,相反,斯密认为劳动才是最重要的,而劳动分工将能大大提升生产效率。《国富论》一书非常成功,事实上还导致许多早期学派的理论被抛弃,而后来的经济学家如托马斯·罗伯特·马尔萨斯和大卫·李嘉图则专注于将斯密的理论整合为现在所称的古典经济学（现代经济学由此衍生)。马尔萨斯将斯密的理论进一步延伸至人口过剩上，而李嘉图则提出了工资铁律(Iron law of wages)——认为人口过剩将导致工资连勉强糊口的层次都无法达成。斯密假设工资的增长会伴随着生产的增长,这个观点在今天看来则较为准确。

《国富论》一书的重点之一便是自由市场。自由市场表面看似混乱而毫无拘束,实际上却是由一双被称为“看不见的手”(invisible hand 无形之手)所指引,将会引导市场生产出正确的产品数量和种类。举例来说,如果产品发生短缺,产品的价格便会高涨,生产这种产品所能得到的利润便会刺激其他人也加入生产,最后便消除了短缺。如果许多产品进入了市场,生产者之间的竞争将会增加，供给的增加会将产品的价格降低至接近产品的生产成本。即使产品的利润接近于零,生产产品和服务的利润刺激也不会消失,因为产品的所有成本也包括了生产者的薪水在内。如果价格降低至零利润后仍继续下跌,生产者将会脱离市场;如果价格高于零利润,生产者将会进入市场。斯密认为人的动机都是自私而贪婪的,自由市场的竞争将能利用这样的人性来降低价格,进而造福整个

社会，而提供更多产品和服务仍具有利润的刺激。不过，斯密也对商人保持戒心，并且反对垄断的形成。

主要理论

亚当·斯密认为，分工的起源是由人的才能具有自然差异，那是起因于人类独有的交换与易货倾向。交换及易货系属私利行为，其利益决定于分工，假定个人乐于专业化及提高生产力，经由剩余产品之交换行为，促使个人增加财富，此等过程将扩大社会生产，促进社会繁荣，并达成私利与公益的调和。

他列举制针业来说明："如果他们各自独立工作，不专习一种特殊业务，那么他们不论是谁，绝对不能一日制造20枚针，说不定一天连一枚也制造不出来。他们不但不能制出今日由适当分工合作而制成的数量的二百四十分之一，就连这数量的四千八百分之一，恐怕也制造不出来。"

分工促进劳动生产力的原因有三：第一，劳动者的技巧因专业而日进；第二，由一种工作转到另一种工作，通常需损失不少时间，有了分工，就可以免除这种损失；第三，许多简化劳动和缩减劳动的机械发明，只有在分工的基础上才可能实现。

货币的首要功能是流通手段，持有人持有货币是为了购买其他物品。当物物交换发展到以货币为媒介的交换后，商品的价值就用货币来衡量。这时，便产生了货币的另一功能——价值尺度。亚当·斯密也谈到货币的储藏功能、支付功能。但是，他特别强调货币的流通功能。

提及价值问题，亚当·斯密指出，价值涵盖使用价值与交换价值，前者表示特定财货之效用，后者表示拥有此一财货对另一财货的购买力。进一步指出，具有最大使用价值之财货，往往不具交换价值，水及钻石是其著名的例子。不过水与钻石价值之比较是百年之

【教学理念】

牛津大学在先进和独到的教育理念指导下，在保持大学精神、文化和气质相对稳定的同时，随着时代和社会的发展而不断变革，接受了各个历史时期时代潮流的冲刷和洗礼，其成功的经验对我国建设世界一流大学有着有益的启示。

后边际效用学派才圆满解决此一问题。

亚当·斯密的分配论，是即劳动工资、资本利润及土地地租自然率之决定理论。

亚当·斯密指出，尽管雇主拥有抑低工资的力量，工资仍有其最低水平，此一最低水平是劳动者必须能够维持基本生活，假定社会工人需求增加或工资基准提高，工资将高于最低水平。就另一角度言之，一国国富、资本或所得增加，将促使工资上涨，工资上涨则促进人口增加。

资本利润之高低如同劳动工资，决定于社会财富之增减，资本增加固可促使工资上涨，却使利润为之下降。亚当·斯密指出，假定商人投资同一事业，因为彼此相互竞争，自然致使利润率降低。

地租系指对土地使用所支付的价格。亚当·斯密认为，地租高低与土地肥沃程度及市场远近有关。

资本累积是大量进行分工必备的另一要素。分工的扩张与生产效率的提高跟资本的总额成正比。资本的累积必须在分工之前进行，因为分工需要使用许多特殊的设备与机械料，都需要以资本来购取。分工愈细，工具的需要愈多，资本愈显得重要。透过分工过程，可增加劳动生产量，提高国民所得，增强国民储蓄意愿与能力。

道德情操论

在亚当·斯密生活的那个时代，“道德情操”这一短语，是用来说明人（被设想为在本能上是自私的动物）的令人难以理解的能力，即能判断克制私利的能力。因此，亚当·斯密竭力要证明的是：具有利己主义本性的个人（主要是追逐利润的资本家）是如何在资本主义生产关系和社会关系中控制自己的感情和行为，尤其是自私的感情和行为，从而为建立一个有必要确立行为准则的社会而有规律地活动。亚当·斯密在《国富论》中所建立的经济理论体系，就是以他在《道德情操论》的这些论述为前提的。

《道德情操论》和《国富论》不仅是亚当·斯密进行交替创作、修订再版的两部著作，而且是其整个写作计划和学术思想体系的两个有机组成部分。《道德情操论》所阐述的主要是伦理道德问题,《国富论》所阐述的主要是经济发展问题,从现在的观点看来,这是两门不同的学科,前者属于伦理学,后者属于经济学。亚当·斯密把《国富论》看作是自己在《道德情操论》论述的思想的继续发挥。《道德情操论》和《国富论》这两部著作,在论述的语气、论及范围的宽窄、细目的制定和着重点上虽有不同,如对利己主义行为的控制上,《道德情操论》寄重托于同情心和正义感,而在《国富论》中则寄希望于竞争机制;但对自利行为的动机的论述,在本质上却是一致的。在《道德情操论》中,亚当·斯密把“同情”作为判断的核心,而其作为行为的动机则完全是另一回事。

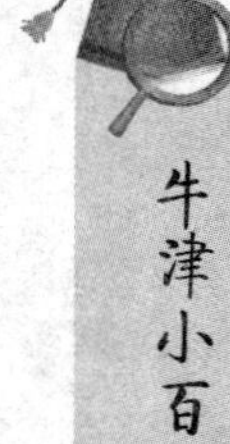

牛津小百科

牛津大学语言中心的服务对象是学校中那些出于研究或交流的目的需要学习和完善语言技能的人。中心收藏的原版、视听和电子的语言材料涵盖了多个语种。设有教授欧洲主要语言和英语作为外国语的班级。中心的教员使用由卫星在整个欧洲传送的电视节目所组成的先进语言教学系统。

第五章　牛津大学的地位和影响

位于英国的牛津大学具有世界声誉，它在英国社会和高等教育系统中具有极其重要的地位，有着世界性的影响。英国和世界上很多青年学子都以进牛津大学深造作为理想。

第一课　良好的国际声誉

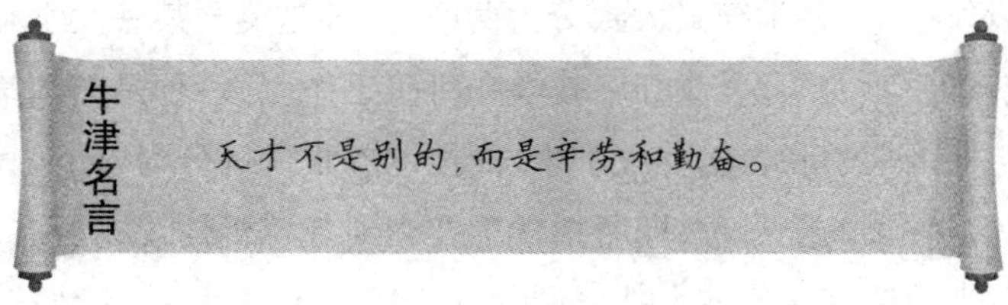

作为世界高等教育发达国家，加上拥有英语这一世界通用语言的独特优势，英国一直是世界上主要接受外国留学生的国家之一。同样，牛津大学与世界各地的大学也保持着高水平的交流，其中包括来自世界各地100多个国家的3000多名海外学生。牛津不仅注重吸收英国本土的优秀生源，而且注重吸收全世界的优秀学生。这里的大部分研究者，都与海外同行保持着正式或非正式的联系。牛津良好的国际合作，进一步扩大了学校的国际影响，促进了学术水平的提高。

自20世纪60年代末、70年代初在世界范围内出现第二次留学高潮后，英国接收的外国留学生人数与年俱增，1979年在英外国留学生创纪录地达到8.8万人，仅次于美国和法国，居世界第三位。英国从1980年起对欧共体成员国之外的其他国家留学生实行的“全费政策”曾导致80年代上半期赴英外国留学生人数急剧下降，1983年减至最低点，在英留学生仅4.2万余名。但是，英国政府和高等院校很快从困境中走了出来，同时采取有效措施，重塑留学生教育强国形象，取得了显著成效。

根据英国的高等教育政策，英国高校拥有较大的办学自主权。随着高等教育国际化的深入发展，英国政府和高校在大力发展留学生市场、积极招收境外学生的同时，还积极开拓境外教育市场，即通过与国外教育机构合作在境外办学。办学模式大致分为两类，一种是英国某一大学和国外同行共同新建一所大学，合作开展教学和科研工作。另一种是英国某所高校在境外与外国大学联合培养大学生，而授课方式又可分为以下两种，一是在境外实施教学的全过程，即所招学生在当地教育机构读完所有课程；二是学生在当地读完两年或大部分课程，最后一年或最后一阶段转入英国大学继续就读。学生读完规定的课程并取得合格的成绩，便可获得英国大学颁发的学位和资格证书。

如今，牛津大学与世界上100多个国家和地区都有学术联系，这些联系主要以教员之间的非正式关系为基础。牛津大学拥有专门研究欧洲、日本、中国等的研究中心，还有研究难民问题与全球环境变动等的中心。此外，牛津大学还签订了一些与国外的学术和研究合作协议。

比如，牛津大学通过SOCRATES(ERASMUS)等交换项目与欧洲大学发生联系。同时它还是由34所传统欧洲大学组成的Coimbra集团中的成员之一。

近年来，牛津大学加强了与美国普林斯顿大学等高校的科研合作。这两所著名大学的合作计划包括科研人员交流、共享先进的科研设施和成果等。两校的教师及科研人员可以在两所大学之间流动以分

【办学理念】

19世纪中叶，以赫胥黎为代表的科学教育的旗手不满于牛津大学的自由教育传统，倡导大学实施科学教育，开展科学研究，对牛津大学的办学理念产生了不小的冲击。

享各自学校的先进的研究设备及设施。牛津大学的一位发言人说:“我们两校有许多可以开展互惠互利的合作研究领域,比如材料科学、纳米技术和基因研究。”专家指出,英美院校纷纷以各种形式加强科研合作,代表着世界高等教育未来发展的一种新模式。

牛津协调着两个与拉美国家间的合作项目:一个是关于经济和社会发展的项目,由拉美中心开展,合作伙伴包括阿根廷、秘鲁、委内瑞拉、巴西、智利、西班牙、荷兰等国;另一个是关于被动移民项目,由伊丽莎白女王机构来组织,成员是拉美和欧洲的11所大学。

英国前首相托尼·布莱尔注重为该国的留学政策做宣传。他呼吁高校应大量招收海外学生,以培养出更多熟悉英国经济与文化的外国人,以便在未来同他们做生意。他说,现在来英国的申请签证过程变得更加容易,你可以在整个学业过程中留在英国,留学生同时兼顾学习和工作也变得更加容易了。

未来社会是一个国际交往十分频繁的社会。高等教育的国际化是各国大学教育立足国内、面向世界,相互交流、合作与援助的一种发展过程或趋势,是21世纪世界各国大学必须树立的一个重要理念。这一点,牛津大学做得很好。

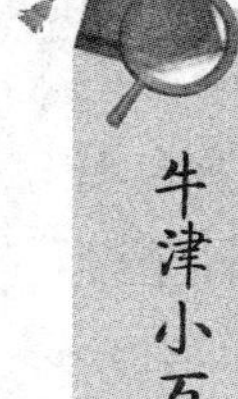

牛津小百科

牛津大学校方十分关心学生的多方面福利。学生困难委员会掌管为缓解学生家中的经济困难而设的基金。他们提供的帮助形式主要是贷款和助学金;学校还接受高等教育基金委员会提供的入学基金,用以帮助家中有经济困难的学生。

第二课　杰出的学术成果

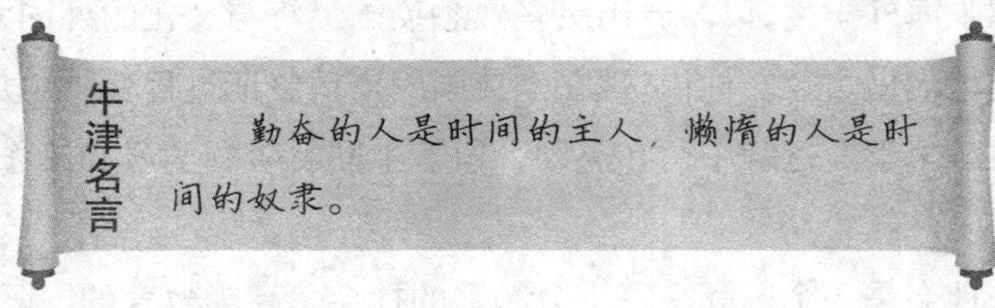

牛津大学出版社自15世纪末建立以来，经过数百年的发展，已成为世界上规模最大的大学出版社和英国最大的出版社之一，为提升和扩大牛津大学在全球的地位和影响力做出了卓越贡献。它一直起着传播文化知识、推广科研成果以及扩大牛津大学在世界范围内学术影响力的作用。牛津大学出版社每年将牛津大学最有价值的学术成果推向成千上万的读者，不仅弘扬了牛津大学各个学科领域杰出的学术成果，而且有力地促进了牛津大学各个学科的不断发展。应该说，作为世界一流大学的牛津大学，现今在世界高等教育领域名列前茅的地位是与其杰出的学术成果分不开的。

学术成果的出版

通过牛津大学出版社，牛津大学几百年来不断地出版其所取得的学术成果,从而起到了延伸大学教学和科研功能的作用,为牛津大学在英国和世界高等教育领域赢得了巨大声誉。

作为一家出版社,牛津大学出版社的主要宗旨就是通过学术出版传播学术和知识、推动学术交流、营造学术氛围。正如牛津大学校长约翰·胡德(John Hood)所说:“作为在某种程度上最大和最为成功的大学出版社,牛津大学出版社就是要在全球范围内依照牛津大学的目标来运作,出版领域广泛的图书以达到牛津大学尽可能广泛地传播教育、学术和科研的目标。”因此,只要是学术价值高的著作,牛津大学出版社都会不遗余力地给予扶持。在牛津大学出版社中,专门负责学术著作出版的是克拉伦登出版社。

1916年前,牛津大学出版社出版自然科学和医学方面的书籍并不多,仅占所出版的书籍的十二分之一。但是,这种情况后来发生了变化。牛津大学出版社出版的一些学术著作产生了巨大影响。例如,1929年,经过以主编克拉克 (G. N. Clark) 为首的编写委员会长达36年的努力而完成的《牛津英国史》(The Oxford History of England)出版,为牛津大学带来了极高的赞誉。又如,《医学体系》(A System of Medicine)七卷本、医学手册系列丛书、《解剖学教材与解剖指南》(Textbook and Manual of Anatomy)、《牛津活页本医学》(The Oxford Loose-lea Medicine, 1920)的出版,对牛津大学的医学发展起到了推动作用。

两次世界战争期间,两本鸿篇巨制《牛津全国传记词典》和《牛津英语词典》得以出版,为牛津大学的学术研究扩大了影响。其中,《牛津全国传记词典》现已出版31卷。《牛津英语词典》是迄今为止唯一的一部大型的、按历史原则编排的英语词典。其意义和影响，正如1928年乔治·戈登(George

【办学理念】

牛津大学在社会的压力下不得不进行一系列的改革，加强了与社会发展的联系,扩大了教育内容的范围,增加了科学研究的职能。牛津大学在维持其基本办学理念的前提下，逐步实现了现代化。

【办学理念】

牛津大学的办学思想是探测、挖掘和开发学生的潜在能力,提倡独立思考和个人创造精神的发挥,牛津人把思想的创新看得更为重要。

Gordon) 教授所指出的:"这不仅仅是一本现代英语词典,而且是各种英语的词典……包括乔叟的英语、斯宾塞的英语、莎士比亚的英语、《圣经》的英语。过去的1 200年所有作家的英语,今天都由它呈现出来。"《牛津英语词典》已成为牛津大学出版社和牛津大学的一面旗帜;它使得"牛津"一词家喻户晓。后来牛津大学出版社的工具书和词典系列都是直接或间接地从这两本词典中派生出来的。

教育图书的出版

在英式英语教学出版领域,牛津大学出版社处于世界领先地位。现今,全球约有1 600万学生在使用牛津大学出版的英语教材,而全球通过牛津大学出版社出版的教材和数字图书资源进行英语教学的教师有60万人。

由于计算机和网络技术的发展正在不断改变出版业的形态,牛津大学出版社不失时机地利用新技术开发新的电子出版物,使牛津大学出版社在全球的品牌价值成为现今电子经济中最有价值的资产。2003年推出的牛津大学学术在线 (Oxford scholarship online)获得很大成功,其数据库拥有涉及16个主要学科领域的图书2 500种。无论是在图书馆还是在家庭中,英国90%的公共图书馆持卡人可以通过英国公共图书馆网络系统使用牛津大学出版社的在线工具书资源库。现今,世界上有23个国家的1238所高等院校在使用牛津大学学术在线。

牛津大学出版社的学术期刊影响也很大。现今,出版期刊235种,涉及广泛的学科领域。其中,三分之二的期刊是与著名的国际学术学会和其他国际组织合作出版的。

为了有效地实现牛津大学传播优秀的科研成果、学术和教育的目标，增强牛津大学在全球的影响力，牛津大学出版社每年都拿出一部分盈余进行再投资。近5年来，牛津大学出版社用于投资的经费总额达到980万英镑。其投资的重点包括：将学术和工具书籍的出版转入网上交易环境，增加涉及中小学教育、高等教育、法律以及医学领域书籍的出版，加快开发在美国的英语教学项目，投资西班牙的远程学习项目，等等。

牛津大学出版社的出版物之所以广受欢迎和畅销不衰，最根本的原因是有牛津大学这个品牌以及行之有效的出版物质量监控体系。针对出版的选题，牛津大学出版社的专家委员全程介入选题审定程序，与相关学科领域的编辑保持密切联系，严把质量关。此外，严格的审稿机制是牛津大学出版社的基本制度，这保证了出版物的质量。2008～2009年度，牛津大学出版社共有117种图书在国内外获奖。

对学科发展的促进与推动

作为一个历史悠久、享誉全球的知名高等学府，牛津大学的学科水平和教育质量是世界一流的，其毕业生也遍布世界各地。应该说，这是牛津大学出版社的立足之本。因此，牛津大学出版社始终牢记自己是牛津大学不可分割的一部分，主动充当着牛津大学"巡回大使"的角色。没有牛津大学出版社，牛津大学就缺少了一个有效的传播学术成果和弘扬其办学理念的途径，其在世界上的影响力不会像今天这么大。

牛津大学出版社在经济上对牛津大学的支持是显而易见的。随着牛津大学出版社自身的实力越来越强，它对牛津大学的贡献也越来越大。2008～2009年度，牛津大学出版社销售额为5.787亿英镑，比2007年增长4.8%，利润8400万英镑。牛津大学出版社向学校上缴年定期利润2590万英镑。正如牛津大学出版社执行总裁亨利·

【办学理念】

对于当代牛津大学的职能，牛津大学前副校长莫里斯·博拉曾指出，当代牛津的基本任务有四：培养领袖人才；科学研究；培养新型的学者和科学家；通过学院传递文明文化。博拉这里所说的任务，实际上就是指牛津大学的职能。

里斯博士(Henry Reece)所指出的:“赚取利润是出版社在经济上有效地完成大学实现追求科研、学术和教学卓越目标的副产品。牛津大学出版社每年都将一定比例的利润上缴学校或再投资,支持牛津大学的建设和发展。在2009年前的11年里,牛津大学出版社共向学校上缴利润4.78亿英镑。除外,牛津大学出版社还以多种“专项”经费的形式支持大学的教学和科研活动。牛津大学先后利用这些经费启动了一系列重要项目和计划。例如,2001年,牛津大学出版社成立了“克拉伦登奖学金基金”,用于吸引部分世界上最优秀的研究生来牛津大学做研究工作。迄今为止,已投入了2500万英镑,有来自世界43个国家和地区的800多名学生获得了该奖学金。从长远来看,他们带给牛津大学的价值是难以估量的。从2009年起,牛津大学出版社向该奖学金每年的投入增加到750万英镑。

2006年,牛津大学出版社又设立了“约翰·费尔牛津大学出版社研究基金”(John Fell OUP Research Fund),主要用于支持基础研究、跨学科研究以及年轻研究人员的工作。每年为该基金投入500万英镑,迄今为止,总共投入了2000万英镑,已资助了500多项科研项目,涉及几乎所有学科。这是牛津大学出版社为使牛津大学保持其世界一流大学的地位所做出努力的一部分。

为了改建新的博德利博物馆和购置拉德克利夫医院地块，牛津大学出版社也投入了大量的资金。因此,对牛津大学出版社而言,销售额增长意味着可以开展更多的活动，既可以尽可能地传播牛津大学的学术和教育成果，又可以推动保持牛津大学出版社的发展和扩大牛津大学的全球影响力。

因为培养了一代又一代社会精英,并取得了一批又一批学术成果，牛津大学不仅对英国乃至世界产生了重要影响，也确立了世界一流大学的地位。牛津大学所培养的政治精英和知识精英，都成为社会各界的栋梁人才，可以说参与了世界和时代

【办学理念】

牛津大学一度曾以人才培养为唯一职能，现在仍把人才培养作为其重要职能之一。自19世纪下半叶科学研究成为牛津大学的职能以来，牛津大学便迅速成为英国乃至世界上的一支重要科研力量。

发展的进程。迄今为止，牛津大学是英国大学中培养首相最多的大学。因而自中世纪以来，牛津大学似乎成了“统治阶级的集体记忆”。通过这些政治精英的培养，牛津大学成为名副其实的培养政治家的摇篮，其影响力扩展到世界各地。牛津大学所培养的知识精英，在英国乃至世界的科学、教育和文化领域举足轻重，为推动社会的发展做出了巨大贡献。他们的学术成果已成为人类共同的智慧结晶，不仅为全世界所分享，而且促进了人类社会的福祉。因此，“牛津”已成为一所世界一流大学的品牌，闪烁着熠熠智慧之光。

作为一个文理学科并重的世界一流大学，牛津大学不仅传承和发展了传统的优势学科，而且在自然科学和社会科学领域有了新的突破和发展。牛津大学的历史学、英语语言文学、政治经济学、法律等人文学科一直保持很高的研究水平。与此同时，牛津大学的化学、物理、数学、生命科学和地理等自然学科也不断取得重要的科研成果，这使得牛津大学的自然科学研究水平在20世纪后半期进入了世界高等学府的领先行列。因此，无论在英国高等院校的科研评估考核中，还是在世界大学的科研成果评比中，牛津大学始终保持世界一流大学的地位，并捍卫了世界顶级高等学府的声誉。牛津大学前副校长布洛克曾这样指出：“牛津大学从来不认为发展新的学科可以损及它在人文学科方面的优势。伟大的大学应该努力争取在自然科学和社会科学领域尝试新的突破，同时维持人文学科研究的高水平，在这两者之间保持一种平衡。”

“一流出版社不

一定在一流大学,但一流的大学一定有一个一流的出版社。”牛津大学出版社作为牛津大学的一部分,不仅起到了出版和传播牛津大学杰出学术研究成果的作用,而且弘扬了牛津大学独特的办学理念、学术传统以及人文科学精神。通过牛津大学出版社不断出版学术著作和教育图书以及对学科发展的支持,世界各地更多的人不仅了解了牛津大学的地位和声誉,而且接受了牛津大学的思想和影响。从这个意义上来说,牛津大学出版社既是牛津大学的支柱力量之一,又是牛津大学教学和科研的延伸。因此,学术成果的出版在提升牛津大学的声誉和影响力方面的作用是巨大的。

牛津小百科

想对牛津大学 40 所学院和 7 所永久私人学堂一所一所去参观,那几乎是不可能的。每所学院均有其辉煌的历史、神话般的建筑遗迹,可以描画出各种有趣的史实。初到牛津的共同印象,均会觉得每个学院都像是中国各地那些古庙,一进门就给人一种寂寞与荒凉的感觉。而每个学院其实是一群集宿舍、教室、实验室、研究室与办公室于一体的建筑群。学生在这里共同生活,切磋学业,完全是中世纪修道院的模样,这也反映了牛津人强烈的思古情怀。

第三课　对英国教育的影响

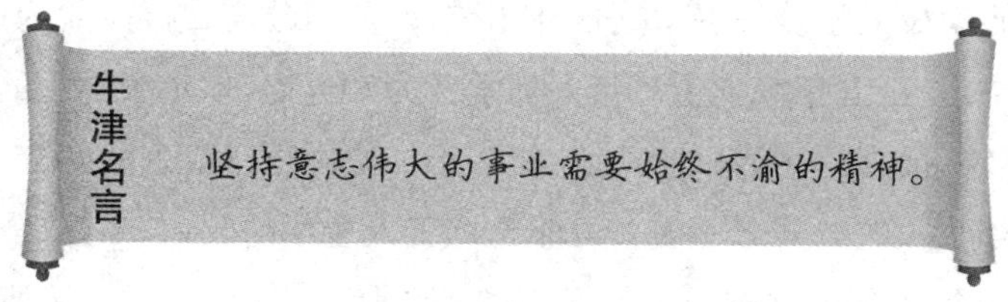

英国是世界最早兴办高等教育的国家之一。就传统高教而言，英国直到目前在人文、自然、历史乃至哲学等方面都处于不可动摇的领先地位，各名牌大学更以其优良的学术风气而享有人才荟萃之名。与别国不同之处是，在英国没有一所国立大学，所有的大学虽然依靠国家拨款，却均为私立，各自均由自己的委员会管理。这些私立高等学校的委员会则是由巨商、政客、学者以及其他社会名流以私人身份参加而组成的。而一般来讲，牛津大学与之比较吻合。

长期以来，英国政府强调传统的教育思想和贵族的等级观念。他们坚持英国资产阶级思想家洛克在《教育漫话》(1693年)和纽曼在《大学的理想》(1873年)中提出的教育思想，主张把公学、文法中学及牛津、剑桥大学办成培养贵族子弟的学校。学校教学内容的先后顺序为德、行、智慧、礼仪和学问，使学生具有绅士风度及管理与控制团体的能力，以便把他们培养成为国务活动家、政治家或在教会、司法、外交和军界任要职的人。至于他们有无专门知识及将来从事什么职业或贸易活动，则是次要的。

英国政府十分重视贵族学校。18世纪最后25年，英国政府的47名大臣中至少有38人曾资助过伊顿公学和威斯特敏斯特公学。贵族学校的师资力量和办学条件优于现代中学。据20世纪50年代统计，受过高等教育的教师在各类学校教师中的比例：公学或文法中学占80%，现代中学占17%，技术中学只占5%。贵族学校教师的工资平均水平高于普通学校，甚至相差一倍以上。贵族学校实行每班12～20人的小班上课，辅导细致，教学质量高，保证绝大多数学生可考入牛津、剑桥等名牌大学；现代中学则实行30～50人的大班上课，教学效果差。20世纪50年代，英国全国中学毕业生中平均每年有1.7万人不会读第四年级的课本。

贵族学校的学费昂贵。据1958年统计，英国政府直接拨款的173所文法中学中，一至五年级学生每年人均学费为70英镑，六年级学生的学费大约110英镑，最高达300～400英镑，相当于一位医生年收入的四分之一，一位教师年收入的二分之一或一位非熟练工人全年的收入。牛津、剑桥大学的学费每年为500～550英镑，伦敦大学为425～475英镑，其他大学为380440英镑。胜于雄辩的事实迫使英国公学的辩护者诺斯承认："教师、医生、牧师、律师、地方银行管理人员和许多其他从事知识分子职业的人，都已经开始感到他们没有能力送自己的子弟进这些学校。"资产阶级上层和社会上层人物都坚

持把自己的子弟送进贵族学校，不愿意让他们的子弟与劳动人民子弟混在一个学校里。

从历史上看，英国政府的宗教政策对教育事业的影响极大。16世纪英国国王亨利八世进行宗教改革，通过议会立法确定英格兰圣公会为英国国教，英王为教会最高首脑而不受制于教皇。英国首相大多是圣公会信徒。据英国学者汤姆森统计，从沃尔波尔至撒切尔夫人的49名首相中，其宗教信仰为圣公会者37人，长老派和新教徒10人，“唯一神”教派2人。这就决定了英国国教在教育系统中的统治地位。尽管英国1870年教育法规定实行普通学校与宗教分离、公私学校与教会学校并存的原则，但是英国国教对公学、文法中学和大学的控制一直持续到19世纪末叶。除了神学院和教会学校外，宗教对普通学校的影响仍然很大，宗教课仍是普通学校的必读课。在20世纪60年代，英国宾格莱技术中学的教学大纲规定，必修的宗教课占教学总学时的5%。

长期以来，英国的政界和上流社会一致认为牧师是文法学校和大学校长的最佳人选。1841年政府任命的第一批视导员就有约翰·阿伦牧师，伦敦大学英王学院牧师休·特鲁门希厄为终身视导员，作为牛津、剑桥大学校长助理的学监职务长期由单身牧师担任。甚至有许多学校坚持大学学位只授予圣公会教徒的教条，用《圣经》教育青少年，用宗教教条来规范人们的思想行为，为维护资本主义制度服务。

牛津大学的中国研究会会长、圣安东尼学院院长马瑞克古丁认为：对大学来说，悠长的历史弥足珍贵。正面的效应是大家都知道牛津大学成立多年来培育出了许多杰出人才。不单是英国人，还有来自其他国家的人曾经在牛津受教育，这些都提高了大学的形象，使它成为非常著名的地方。世界任何一个地方的人们都认识牛津大学，他们可能不会是很深入地了解它的运作、它的结构等，但他们知道这是一所优秀的学府，就像哈佛大学一样，那是一所十分优秀的大学。而负

【办学理念】

在20世纪70年代末以前，牛津大学的科学研究主要集中在基础研究领域，因为这样的研究是非功利性的，比较符合牛津大学的理念。

面的影响则是牛津大学过去800多年的传统习俗，有时候看来是有点古老，甚至可以称它为“保守”。

曾任英国财政研究所所长的凯教授称，历史悠久的牛津已显得无力同现代世界抗衡。他呼吁牛津进行改革，因为牛津大学在英国大学排行榜上时常调离第一名的位置。在国际竞争方面，作为一名前牛津大学的指导教师，他也担心牛津大学和美国著名大学的差距将“越拉越大”。

就是说，作为一所古老的高校，与此相适应，牛津大学也有保守、独尊、墨守成规的问题。1963年，英国《金融时报》社长、伦敦经济学院院长罗宾斯提出了一份对英国高教制度影响巨大的《罗宾斯报告》。

《罗宾斯报告》是对20世纪60年代至80年代中期英国高等教育发展所做的预测和规划。报告系统阐述了关于高等教育的目标和原则、1962年英国高等教育现状、英国高等教育和其他国家相比较的情况、对今后高等教育发展的预测与设想、经费问题、管理机制和各部门的职责等一系列英国高等教育改革发展面临的重大的问题。此后近50年间，英国高等教育从办学方针、制度设计、发展策略，到经费投入机制、管理运行机制以及大学的设置、规模、监控、评价等各个方面均发生了深刻的变革。

可以认为，《罗宾斯报告》是英国高等教育从传统模式走向现代模式、从精英型走向大众型的转轨宣言书。

从高等教育制度趋于民主化，由贵族教育向平民教育转型来看，《罗宾斯报告》开宗明义地提出：高等教育的目标是改变培养传教士、法官、律师和医生的传统，为人们提供在社会生活竞争中需要的技术和才能服务；国家办学的方针首先是使那些有能力、有条件、有愿望接受高等教育的人获得接受高等教育机会。牛津大学历来推行精英式教育，也培养了一代代帝王将相和著名学者。可以说，作为世界著名学府之一，牛津大学有着非常突出的精英和贵族形象。

甚至进入新世纪前后，牛津大学莫德林学院还拒绝了一位名叫劳拉·斯彭斯的高中生的入学申请。斯彭斯在一所公立学校就读，很有天分，各方面表现都很突出。这样的一名优等生竟然未被牛津大学录取，招致布莱尔政府内阁成员的猛烈抨击。他们对牛津大学在录取体制上实行“以出身论英雄”的阶级论口诛笔伐，教育大臣戈登·布朗甚至警告说，如果牛津仍奉行唯学生成分论的陈年老调，英国势必会在经济上落后于世界。

不过，牛津大学也发生了由贵族教育向平民教育方面循序渐进的变化。牛津大学校长科林·卢卡斯在北京大学百年校庆演讲中说：大学从来就没有与社会及其所处的环境分离过。大学总是服务于社会，或寻求服务于社会的机会。社会塑造了大学，大学也随着社会的变化而变化。今天，英国的高等教育开始走向平民阶层，教育制度也告别传统深厚的贵族模式，其中，不同性别、阶层、种族的学生以及成人学生、非全日制学生、残疾学生进入大学校园，就是最好的证明。

从高等教育规模不断扩张、由精英教育向大众教育转型来看，刚刚连任英国首相时，布莱尔就表示，将继续把发展教育作为这一任期内的工作重点之一，并提出一个雄心勃勃的计划：10年内让英国50%的18～30岁的年轻人接受高等教育。不过要实现这一目标并非易事，首先资金保障就是一个问题。跟美国许多高等院校不同的是，政府拨款是英国高校的主要资金来源，特别是一些老牌名校，由于看重“名誉”，面对私人捐款往往表现得相当“清高”。在英国，高等教育体制的特点是，在国家控

【办学理念】

牛津大学历经800多年，却能保持其勃勃生机和强大的吸引力，其成功的经验很多，最根本的是其贯穿始终的以学生为中心、注重学术的办学理念和精神。这一理念和精神集中体现在它特殊的学院制和导师制上。

制与高校自主之间有一个强有力的中间层级——由大学拨款委员会、学位授予委员会、考试委员会等机构组成。这个层级具有双重性质和功能，一方面它体现着国家的高等教育职能，另一方面它又是大学自治权力的维护者，它协调着国家干预与大学自治之间的关系，协调着中央集权与地方分权之间的关系。

在英国大学的内部建制中，既保持有历史遗留的痕迹，又参照有现代高科学教育发展的典型范例，呈现出多元化的建制格局。据对英国45所综合性大学的分析来看，近90%的大学均设有学院，即便没有设学院的大学，也有类似学院的组织。如基尔大学就是将学校所辖的26个系按学科类型分为人文科学部、社会科学部及自然科学部。

在已有学院建制的大学中，按照学院的性质与功能可粗略地分为四种类型，即以牛津大学与剑桥大学为代表的“牛桥”模式，以爱丁堡大学为代表的爱丁堡模式，以伦敦大学为代表的伦敦模式，以及以东安吉利亚大学为代表的东安吉利亚模式。

在“牛桥”模式中，牛津大学与剑桥大学是世界上具有最高声望的两所综合性大学，两校对英国教育、整个英国社会乃至世界教育的发展有着极为重大的影响，他们为英国学术界及上层社会造就了大批人才。两校在教学方法上实行传统的导师制，同时辅以各类讲座、图书馆阅读、实验室作业等方式。每个导师指导6～12名学生，每周指导一次。大学生在本科三年的学习中只参加两次考试：首次在第一学年结束时，第二次在第三学

年结束时。考试极为严格，只有两次考试均及格者方可获得学士学位。“牛桥”学院制模式，不论其教师、行政人员或学生，原则上都有双重身份，一个属于“大家”的大学，一个属于“自己”的学院，学院就是师生的家。当然，作为传统的贵族学府，牛津、剑桥历经变革，学院的高门围墙也开始向社会敞开。

从高等教育系统日趋开放，形成鲜明的国际化特征来看，英国作为世界上高等教育发达国家，加上拥有英语这一世界通用语言的独特优势，所以一直是世界上4个主要接受外国留学生的国家之一，也是世界上高等教育国际化程度较高的国家。“罗宾斯原则”不仅促使英国高等教育系统向本国青年敞开大门，而且吸引了越来越多的来自欧洲大陆、非洲和亚洲的青年学生。英国政府为提高竞争实力而重视延揽海外人才的政策，英国大学靠浓厚历史传统建立起来的标准以及良好的质量声誉，对海外学生产生了巨大的吸引力，为英国高等教育国际化提供了基础。

牛津大学与世界各地的大学保持着高水平的交流，其中包括来自世界各地100多个国家的3000多名海外学生。这里大部分研究者，都与其海外同行保持有非正式的联系。牛津拥有专门研究欧洲、日本、中国等的研究中心。牛津大学一方面吸引各国、各地的学者和学生，另一方面又与所在地区的发展互相融合，成为与当地居民、企业混合的城镇。牛津大学众多校友和朋友的慷慨相助，也赋予大学以信心，使其对未来作出科学的规划。

同时，为招收更多的留学生，牛津大学设立了国际事务办公室，协助校方招收外国留学生。学校为扩大宣传效果，或委托英国文化委员会到海外开展留学生教育咨询服务，或直接派人到国外特别是亚洲国家举办教育展览，这些举措都取得了很好的效果。牛津大学校长科林·卢卡斯曾表示，牛津一流大学的理念体现在三个领域：一是享有很高的国际声誉，学术研究设施、基础建

【管理模式】

牛津大学的管理模式，用一句话来概括就是：独立的、自我管理的、由大学本部和学院联合并存的大学。在英国，只有剑桥大学与之相同，具有与英国其他大学所不同的独特的管理模式。

设和教学基础设施非常发达;二是雄厚的师资力量;三是好的人文环境,来自世界各地的学者和教授将才华和能力注入牛津大学。牛津大学开始改封闭习惯而逐步向社会开放。近年来,牛津大学发展办公室推出了《牛津大学发展计划》,这是一项面向国际社会吸收捐款的计划,吸收来的资金将用于教学、科研和基础设施建设等方面,这也是牛津大学开放姿态的一种表现。是的,牛津大学毕竟是近现代世界学术发源的圣城,对那些雄心万丈的学子来说,牛津大学的魅力永远都是其他大学难以媲美的。

牛津小百科

牛津大学早在 1214 年之前,就举行过非正式的讲座,是一种经院哲学家们的教学活动。这些活动的举办主要是依赖当地的修道院学校。奥古斯丁教、本笃会、多米尼加教、方济各会、西妥教团、加尔默罗会,中世纪的所有重要教会在牛津大学都有修士。

第四课　牛津名人榜——印度前总理英迪拉·甘地

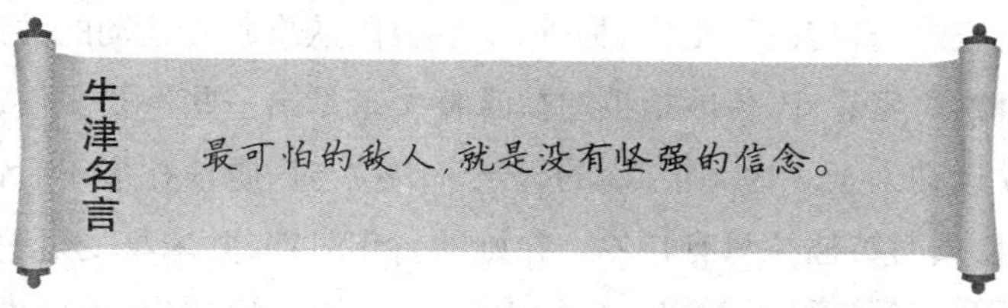

英迪拉·普里雅达希尼·甘地(1917年11月19日至1984年10月31日),是印度独立后首任总理贾瓦哈拉尔·尼赫鲁的女儿,是印度近代最为著名及存有争论的政治人物之一。分别担任两届印度总理,在最后任期期间遇刺身亡。她一方面为印度在冷战时期的发展做出了不少的贡献,但另一方面也因政治管理上的方针而令其政绩上蒙上阴影。因其领导印度的16年间的政治方针相当硬朗、立场坚定,故后人亦称其为“印度铁娘子”。

成长经历

尼赫鲁家族的祖先是来自查谟–克什米尔邦和德里的婆罗门家族。英迪拉的祖父摩迪拉·尼赫鲁是北方邦安拉阿巴德的一名讼务律师,也是印度国民大会党在前甘地时期一位举足轻重的人物,曾担任主席一职,也是著名的《尼赫鲁报告》的作者。该报告规划了有关印度未来的政府体制,以对抗当时的英国殖民政府。至于英迪拉的父亲贾瓦哈拉尔·尼赫鲁则是一

【管理模式】

牛津大学的教职工代表大会制。从大学层面讲，最高立法机构是教职工代表大会，由3700多人组成。牛津大学共有教职员工9000多人，这个代表大会是由教师和管理人员通过选举产生的，覆盖了大学各个方面的人员，很有代表性。

位受过高等教育的律师，以及印度独立运动的一名领导人。英迪拉是他与妻子卡玛拉所生。在英迪拉出生的那段时期，尼赫鲁开始与圣雄甘地联手推动印度独立运动。

英迪拉和她的母亲一直都疏远尼赫鲁家族，所以她从小就只能从多病的母亲身上获得关爱，而她祖父和父亲的政治身份也令她难以与同辈的人亲近，故此英迪拉也培养出坚强、独立自主的个性。

英迪拉12岁时聚集一班少男少女创立“猴子队”，为国大党担任参加游行集会、散发宣传品等工作。另外，尼赫鲁因从事独立运动的关系，房子经常有警察严密看守，传闻指英迪拉常替父亲带出一些重要文件，以转交其他独立运动人士。1936年，她的母亲卡玛拉与病魔挣扎多年后，终因肺结核去世，当时英迪拉只有19岁。在她的童年时期，并未享受过一段稳定的家庭生活，这对她日后的性格发展也有很大影响。其后，英迪拉进入印度、欧洲和英国的著名学府读书，如桑蒂尼盖登（又名“寂乡”）、牛津大学等，攻读政治、行政和社会管理学等学科。她广泛地阅读有关艺术、考古学、建筑学及宗教思想方面的书籍，博览群书大大开拓了她的眼界。但因成绩不佳最终都未能获得学位。

1947年的印度独立与分裂的过程中，英迪拉为数以百万计的巴基斯坦难民组建难民营，并为病人提供药物资助。这是她首次于公共事务上出力，也是她未来踏足政坛的一次宝贵经验。

印度独立后，由于费罗兹的记者和保

险员工作关系，需回到安拉阿巴德工作。所以英迪拉夫妇二人之后又返回当地居住。他们的婚姻在最初的时候相当美满，但随着英迪拉带着两个儿子迁居德里，去协助她那刚当选首任总理而面临重大压力的父亲后，这段关系开始恶化。英迪拉成了她父亲的私人助理及看护，并经常为父亲分忧。随着这样的聚少离多，夫妇二人的暂别似乎逐渐演变成婚变。

在1952年，印度举行第一次大选，英迪拉分别管理尼赫鲁家族以及她丈夫费罗兹这两个竞选阵营。费罗兹的政治观点属于激进的一派，而尼赫鲁却相对保守，当时费罗兹并没有询问他岳父尼赫鲁的意见就自行参选。最后他成功当选议员并迁回德里，但他却选择在德里另外找一间房子居住。他认为自己不应该像入赘的女婿那样住到岳父家，哪怕岳父家是总理府。他想妻子按当时的礼节应该搬出来和自己一起住才正常，但英迪拉却以照顾父亲为由没有搬出来。费罗兹当选议员后不久就迅速建立起自己的名声和地位，最主要是他揭发了一些国家保险业的丑闻，为自己树立了一个反政府贪污的战士形象。这一事件令财政大臣、也是他岳父尼赫鲁的助手下台。后来，他更是支持喀拉拉邦的共产党上台执政，而英迪拉却奉父命，携带大笔资金来到喀拉拉邦，运用收买分化等手段将共产党政权颠覆。在这一连串事件之后，费罗兹和英迪拉事实上是分居了。但是，在1957年印度大选后不久，费罗兹心脏病发作需入院治疗，这一事件却戏剧性地挽救了夫妇二人濒临破裂的婚姻。英迪拉悉心照料患病的丈夫，令她和费罗兹以及孩子们之间的关系拉近了。但好景不长，1960年9月8日，英迪拉正在国外陪伴父亲出国访问之际，费罗兹终于因病过世。在以后的岁月里，英迪拉从来没有承认自己的婚姻是不成功

的，但她的眼睛里从此总有一股淡淡的哀伤。

人物评价

意大利著名记者法拉奇对英迪拉有以下的描写：“她的相貌很动人，她有一对淡啡色而又略带哀伤的美丽眼睛，脸上总是挂着一丝奇妙、高深莫测却又能引起人们好奇的微笑。”短短几句话，却表露出英迪拉内心表现出来的性格。

不过，在政绩方面，外界对英迪拉·甘地的评价褒贬不一，既有人赞扬她的政绩和对印度的建树，也有人不满其强硬政治手段和蓄意栽培她的儿子成为接班人。纵然如此，英迪拉·甘地依然是印度一代传奇人物。

英迪拉在遇刺前不久曾经发表过以下的言论：“我一生都用来为人民服务。即使我死了，我相信，我每一滴血都会用来哺育印度，让她变得更加强大。”而事实上，随着时日的变迁，不少印度人民都怀念这位硬朗的“印度铁娘子”，甚至有人称她为“印度国母”。

牛津小百科

牛津大学的首任校长(1224年左右)是位方济各会修士，也就是林肯主教罗伯特·格罗斯泰特。作为经院哲学派神学家，他发展出一种科学方法，将贵族的逻辑学和天主教的正统观念融合在一起，也将光学、物理学和天文学现象引进了一种不再仅仅带有玄学色彩的理论。

后 记

本丛书是根据世界著名大学文化教育长期思考研究编辑而成，它代表着我的一份独立思考，更代表着我的一份紧张和不安。

我知道书是写给别人看的，且不说怎样去影响别人、打动别人，起码得让人饶有兴致地读下去吧。我试图从新的视角，新的写作方式，尽可能全面准确地把握写作主题，让读者从世界著名的20所高等学府中获取知识，从而提高自身的文化素质，学习思考问题和学术研究的新方法。在文化交流中，读者能够从本丛书中了解到世界著名大学的文化教育思想，同时可以学习借鉴这些大学教育经验的有效做法和成功经验。我知道，想到了未必能做到，更未必能做得好。这是个大问题，就算不能够起到抛砖引玉的效果、但是在编写过程中我还是做了大胆的尝试，希望读者们可以在阅读的过程中有所收获，有所启发。

本着这样的想法和初衷，经过长期的准备和编写，书稿业已完成。大学是人才荟萃、知识丰富和精神自由的地方，在大学里，每个大学生的人生都会因为环境而发生重大的转折和改变，这也是人生获取能量、积累资源最重要的时期。因此，大学生在校期间应该兼收并蓄，广泛寻求与老师、同学、校友之间的互动交流机会，从而既可获得一面立体的“镜子”，清晰地认清自己，又能获得各类精神营养的滋润，让自己拥有领袖的气质。

大学是未来领袖的摇篮，是天才的渊薮，也是一个人在走向社会之前的自我磨练的地方。在这样一个思想极度开放自由的地方，作为大学生必然会遇到各种各样的问题。在这套丛书中，我们不仅介绍各所世界名校的发展历程、研究成果，同时我们还介绍了这些高等学府的知名校友，青少年在阅读时会从那些名人的生平事迹中有所感悟，从而影响青少年读者的人生价值观。我始终认为大学教育是一个人在成才过程中必不可少的教育阶段，在这一时期，大学生们必须要有自我发展的意识，而“未来领袖摇篮”丛书正好符合了青少年在这方面的需求。

大学有着深厚的文化积淀，其功能是培养符合社会需要的人才。尽管大学中的教学活动都是围绕专业知识的传授和学习展开的，实际上，一批又一批的青年学子始终是在学校中各种“潜在课程”、“无形学院”的培养、熏陶和影响下成长的。学知识与学做人，始终是摆在大学生面前的两件同等重要的任务。大学教育的本质在于人的教育。

高等教育的最重要目标并不是为了培养出多少具有先进知识的人才，而是在于培养具有高等素质的复合型人才。换句话说，在学生的专业知识与人格得到全面发展的同时，大学作为培养“未来领袖的摇篮”肩负着责无旁贷的重任。